MANUALE DI
COMUNICAZIONE ASSERTIVITA' PERSUASIONE

a cura di Luca Paolo Libanora

PRESENTAZIONE

Il lavoro che presentiamo in queste righe è stato progettato per fornire un manuale per utilizzare efficacemente il potente strumento della comunicazione e dell'assertività nei principali contesti professionali ma anche nelle più comuni circostanze della quotidianità relazionale.

Il termine *"assertività"*, come approfondiremo, è in qualche modo sinonimo di *"persuasione"*, o *"comunicazione efficace"*, due aspetti che nell'ampio contesto della comunicazione e della relazione pervadono ruoli e mansioni professionali e sociali caratterizzati prevalentemente dallo scambio di informazioni, dalla negoziazione, dall'assunzione di responsabilità nei confronti di altri attori, dalla modifica di comportamenti anche per scopi di benessere o perseguimento di vantaggi reciproci.

Se ci riferiamo al contesto lavorativo, ad esempio, spesso i professionisti vengono forniti efficaci strumenti tecnici, competenze specialistiche o abilità concrete, ma contemporaneamente non si ritiene altrettanto importante dotarli di adeguati strumenti comunicativi e relazionali, anche quando il workspace è caratterizzato da persone, prima ancora che di manufatti o oggetti inanimati (si pensi, ad esempio, alle professioni sanitarie).

Ciò soprattutto in relazione alle numerose criticità che quotidianamente caratterizzano il mondo relazionale, criticità su cui incidono più facilmente proprio condizioni che originano nelle relazioni, invece che negli strumenti tecnici. Di conseguenza, sono proprio le persone che lavorano e vivono in contesti ad alta interazione a sperimentare maggiormente le difficoltà di comunicazione, in mancanza di strumenti efficaci.

Se siamo dotati di adeguate abilità di relazione da utilizzare nei comuni contesti di vita, infatti, in condizioni particolari le nostre previsioni risultano poco accurate e il contesto risulta improvvisamente indefinibile, creando difficoltà che – se non risolte – tendono ad accumularsi e rendere ulteriormente difficoltose le nostre esistenze e le nostre esperienze professionali, che già risultano complesse, per la complessità delle dinamiche sociali e comunicative che caratterizzano questo momento storico, anche senza l'incidenza di tali criticità.

Non solo.

Per motivi che verranno ampiamente illustrati nelle pagine di questo manuale (che nasce nell'ambito delle attività di consulenza e formazione dedicate ai professionisti della sanità) la relazione – in tutte le sue sfumature – è una variabile tutt'altro che secondaria nella condizione di benessere generale di ciascuno di noi.

Si pensi agli esiti – che ciascuno di noi ha saggiato in misura differente – di un conflitto lavorativo, causato da incomprensioni, conflittualità, demotivazione e stress, che possono condurre a condizioni di burnout, drop-out e perdita economica, oltre che incidere anche pesantemente su sfere più ampie del mondo relazionale, come il contesto familiare e amicale. Lo stress che origina da situazioni di conflitto, o dalla percezione di inadeguatezza a gestire in maniera efficaci le relazioni che caratterizzano la nostra esistenza, soprattutto se si prolungano nel tempo, attraverso passaggi che la medicina e la psicologia moderna hanno solidamente dimostrato, ha effetti importanti non solo sulla nostra salute psichica, ma anche e soprattutto sull'intero complesso organico, che risulta così fortemente indebolito (a causa della sottrazione di metaboliti al sistema immunitario e altri organi) e risulta di conseguenza maggiormente vulnerabile nei confronti di agenti patogeni.

Insomma, contrariamente al pensiero comune, la *comunicazione*, e gli strumenti che rientrano in questa ampia, complessa ma anche affascinante disciplina (in cui convergono un po' tutte le scienze, da quelle oggettive, a quelle umane, dalla medicina, la psicologia e la filosofia...) è la cartina di tornasole del nostro stato di benessere generale, da cui dipendono inevitabilmente le nostre relazioni, che definiscono l'intera nostra esistenza. E nel mondo complesso che abbiamo costruito attorno a noi, è una competenza imprescindibile.

La comunicazione fornisce dispositivi estremamente potenti ed efficaci: l'esempio più fulgido proviene proprio dalla personale attività professionale di psicoterapeuta. Qualunque motivo per cui una persona accede allo studio di un professionista della salute mentale, sia nell'ambito privato che nel pubblico, origina o conduce in qualche modo a difficoltà di natura relazionale che discendono dal contesto familiare, di coppia o lavorativo. Gregory Bateson, uno dei più importanti studiosi che ha influenzato in differenti livelli il mondo moderno (compresa le scienze della salute), nella sua intrigante *Teoria del doppio legame* ha individuato l'esordio di alcune forme di malattia mentale, come la schizofrenia, nella comunicazione dissonante fra la madre e il bambino nella fase di accudimento.

Come una comunicazione anafattiva può generare malattia, una comunicazione efficace può guarirla. La comunicazione è infatti l'unico strumento a disposizione dello psicoterapeuta, che non può avvalersi di supporti farmacologici, e grazie a questa – attraverso specifici protocolli curativi – è in grado di *persuadere* il suo paziente a modificare le sue convinzioni (persino quando appaiono deliranti) e i comportamenti, quando questi si rivelano disadattivi, aggirando le difese intrapsichiche, che mantengono intrappolata la malattia.

Potremmo impiegare chissà quante pagine per descrivere l'importanza del *saper comunicare*, ma dobbiamo giocoforza limitarci, lasciando al nostro lettore – se lo desidera – il compito di accedere alla propria esperienza personale per rintracciare esempi che lo dimostrino. Ma desideriamo concludere la nostra premessa riflettendo su un aspetto tanto importante quanto misconosciuto, o per lo meno non fornito di adeguato peso, come il fatto che la nostra immagine sociale, da cui deriva l'intera prospettiva di vita, è la conseguenza delle relazioni che instauriamo con le altre persone con cui condividiamo il palcoscenico.

Se, come dimostreremo, la comunicazione è lo strumento della relazione, inevitabilmente la qualità generale della nostra esistenza deriva dalla qualità della nostra comunicazione.

L'obiettivo di questo manuale è pertanto fornire a ciascuno ritenga di avvalersene *tecniche di comunicazione efficace* (accedendo ad una terminologia forse inflazionata, ma esauriente) e renderle facilmente manipolabili nei principali contesti caratterizzati dalla relazione in qualunque contesto spontaneo o organizzato.

Le fasi iniziali sono dedicate ad aspetti meramente teorici che anticipano modelli strutturati proprio come strumenti immediatamente disponibili in specifici ambienti e avvenimenti. Il motivo di fornire conoscenze teoriche all'interno di un manuale nasce dalla osservazione che un argomento così complesso non può essere ridotto ad una sterile sequela di regole, di banali relazioni causa-effetto, poiché il loro utilizzo stereotipato risulta troppo spesso inefficace se non si dispone della conoscenza del fenomeno che lo origina. Le nostre difficoltà relazionali generano infatti proprio nella constatazione che le nostre previsioni relazionali sono errate e di non possedere strumenti adeguati ad una situazione che non eravamo preparati ad anticipare. Se non siamo in grado di comprendere qual è il motivo per cui una regola funziona, tantomeno siamo in grado di farlo quando non funziona.

In questi termini la teoria (come recitava Kurt Lewin) è quanto di più pratico possiamo avere a disposizione, poiché – grazie ad un modello di riferimento – siamo in grado di costruire e modificare regole seguendo il contesto relazionale e comunicativo che per definizione è mutevole e non facilmente definibile, dominato da dinamiche individuali e sociali, dalla necessità di ciascuno di ottenere vantaggi e dalla loro negoziazione.

Concludiamo questa presentazione premettendo che lo scopo del manuale non è quello di fornire regole di interazione da utilizzare nella pratica professionale, poiché i contesti (ambientali e relazionali) sono sempre differenti e ciò che si rivela funzionale oggi potrebbe non esserlo affatto domani. Le persone cambiano, noi stessi cambiamo, anche più volte nel corso della stessa giornata.

Pretendere di utilizzare sempre le stesse regole è mera illusione. E la disillusione crea mancato adattamento e ci riconduce inevitabilmente alla vecchia regola, che – per quanto inadeguata – si rivela la più rassicurante e da ciò deriva ulteriore crisi, insoddisfazione, conflitto. Un po' come profetizzava Abraham Maslow: «*se abbiamo a disposizione solo un martello finiamo per trattare tutto come un chiodo*».

Tutto ciò che troverete successivamente ha lo scopo di sollecitare le riflessioni che poi ciascuno confronterà con le proprie opinioni, le proprie informazioni, le proprie esperienze, e ciò creerà le condizioni per essere in grado di interpretare e produrre regole di interazione efficaci in ciascuna situazione, cogliendone la variabilità e ciò che le caratterizza.

Non abbiamo timore nel ritenere che non tutte le tesi proposte saranno accolte. Ma non potrebbe essere differentemente, in considerazione della complessità e la vastità degli argomenti e l'elevato grado di competenza e conoscenza dei processi professionali dei nostri interlocutori.

In ogni caso, lo scopo di sollecitare riflessioni personali sarà raggiunto e grazie a questo la possibilità di intravvedere ulteriori modalità operative da inserire nel proprio personale bagaglio di strumenti e dotazione professionale.

PUNTI DI VISTA
LA COMUNICAZIONE

Se chiedessimo a qualcuno – in un qualsiasi contesto – di illustrarci cosa intende o come spiega il termine *"comunicazione"*, probabilmente otterremmo una risposta come «*parlare*», «*inviare delle comunicazioni o delle informazioni*», «*chiedere a qualcuno di fare delle cose*» e così via...
La comunicazione umana non è nulla di tutto o questo o, più precisamente, questa è solo una minima parte, forse la più trascurabile, di un fenomeno decisamente più complicato.
In particolare nell'ambito umano.
La comunicazione ha accompagnato la nostra evoluzione filogenetica, seguendone la complessità. Non può essere un caso che l'uomo è l'animale più evoluto su questo pianeta e nel contempo quello che ha sviluppato profili di comunicazione così complesse. Condividiamo con altre forme animali – come i primati – fino al 95% del nostro patrimonio genetico ma, ciò nonostante, per quanto molti animali abbiano creato strumenti di comunicazione estremamente raffinati, non sono assolutamente in grado di replicare la maggior parte dei canali comunicativi di cui disponiamo.
Così come siamo in grado di superare distanze siderali e raggiungere il nostro satellite o progettare di esplorare altre galassie, possiamo veicolare i nostri pensieri attraverso strumenti tecnologici di cui gli altri animali ignorano l'esistenza. La *"Teoria del big-bang"* evolutivo, nelle sue varie sfaccettature, considera il straordinario e repentino slancio in avanti rispetto ad altre forme biologiche prodotto proprio dalle mutazioni che ci hanno consentito di sviluppare forme di comunicazione straordinariamente complesse.
Su ciò, in verità, non tutti sono in accordo. Qualcuno propone una relazione contraria, cioè che la nostra comunicazione sia una conseguenza dell'evoluzione biologica e sociale che ha caratterizzato la nostra trasformazione.

La disputa, ovviamente, ha un sapore simile al dilemma «*è nato prima l'uovo o la gallina?*» e pertanto poco interessante ai nostri scopi, ma è imprescindibile il legame fra successo evolutivo e successo comunicativo, in qualche modo illustrato nella rivisitazione di una nota figurazione riportata qui sotto.

Ovviamente, pur rientrando nel nostro spirito di rendere leggere cose estremamente serie, ciò non si discosta molto dalla realtà che possiamo facilmente osservare con un minimo senso critico: se in una fase evolutiva prossima a quella di uno scimpanzé la nostra comunicazione non poteva che essere qualcosa di simile a quello riportato nel primo fumetto (coerente con il contesto di vita in cui questo primate si muove e relaziona), nel corso del tempo abbiamo evoluto forme di trasmissione via via più articolate e profonde, creando simboli e significati che poi abbiamo affidato a configurazioni astratte come l'arte, la musica, le rappresentazioni cinematografiche... che hanno la facoltà di superare l'estemporaneità della parola o del gesto, ma anche del pensiero.

Secondo alcuni, tuttavia, l'ultima e più contemporanea fase della nostra storia è caratterizzata da una sorta di regressione delle abilità comunicative, soprattutto a causa dell'incondizionata fiducia nei sistemi tecnologici, che consideriamo più affidabili di altri e più tradizionali canali.

Ciò accade soprattutto, ma non solo, nell'ambito professionale: se si desidera comunicare con qualcuno si preferisce inviare una e-mail (anche se la distanza può essere coperta con una semplice sollecitazione delle corde vocali). E spesso nella vita comune affidiamo anche i nostri sentimenti ad un SMS o un post in un trafficato social network.

Dimentichiamo, tuttavia, che i sistemi tecnologici (che sicuramente ci facilitano la vita in molti contesti) utilizzano meccanismi "digitali", cioè codifiche numeriche che possono al massimo rappresentare un fenomeno, come quello umano, che al contrario è di tipo "analogico", ciò senza soluzione di continuità. La differenza non è solamente accademica: se viviamo una vacanza meravigliosa in un luogo qualsiasi, che però per noi rappresenta qualcosa di speciale, e poi desideriamo condividere l'esperienza con i nostri amici, inviamo loro le foto degli ambienti e dei momenti vissuti. Chi le riceve, tuttavia, non proverà certo le stesse emozioni e potrebbe persino giudicare il luogo tutt'altro che piacevole.

I meccanismi digitali consentono di inviare la sintesi delle informazioni che poi vengono ricomposte e dotate di senso da chi le riceve, ma questa operazione risulta solo parziale, mancando di alcuni elementi fondamentali che – attraverso questo canale – non sono veicolabili.

Da ciò non possono che nascere incomprensioni o sovrapposizione di significati. I canali digitali, ormai pervasivi in tutti i sistemi sociali, costringono per definizione a rinunciare ad una parte consistente di informazioni, banalizzando e stereotipando i risultati.

Ma cos'è pertanto, la *comunicazione*, e in che modo accompagna la nostra esistenza, oltre ad aver accompagnato la nostra evoluzione?

Anche in questo caso sono state prodotte teorie di interpretazione (non sempre condivise). Sperando di non annoiare i nostri lettori, ne proponiamo una che può apparire alquanto fantasiosa, ma che – almeno in parte – può spiegare molti degli eventi che caratterizzano le nostre esperienze in ambito relazionale.

Tale teoria ascrive la nascita e lo sviluppo delle abilità informazionali a vantaggi in termini di mimetismo. La maggior parte delle forme di vita investe e sperimenta in continuazione strumenti di "invisibilità"; in un ambiente primordiale, in uno stadio evolutivo simile a quello rappresentato nella figura, i primi mammiferi non avevano un'esistenza facile. I nostri predatori erano pericolosamente in agguato e ciò ci costringeva a vivere in tane umide da cui uscivamo solo per procurarci il necessario per la sopravvivenza, sfidando enormi rischi.

Ad un determinato livello di maturazione del nostro sistema nervoso, probabilmente per "prove ed errori", un gruppo di esemplari ha sperimentato che assumendo una formazione simile a quella riportata nella figura, i nostri competitori, che erano dotati di sistemi sensoriali efficaci, esclusa la vista per nostra fortuna, ci scambiavano per un predatore di taglia più grande e non solo rinunciavano ad aggredirci, ma si davano nella maggior parte dei casi alla fuga. Chi non è stato in grado di cogliere tale vantaggio, o ha fermato la sua progressione evolutiva, ha inventato altre modalità, rinunciando tuttavia alla socialità.

La *comunicazione* e la *socialità* sono due fenomeni sovrapposti pertanto, che comportano delle modificazioni nell'intera visione dell'ambiente e dell'esistenza. Infatti, perché la formazione mimetica sia coesa e coordinata, è necessario che le informazioni partano dal capobranco e vengano recepite in modo affidabile fino all'ultimo esemplare della fila. Non solo: tali informazioni devono essere accettate. In altre parole, tutti i membri del gruppo sono *persuasi* ad accettare una visione (in questo caso una strategia sottoforma di direzione, velocità, movimento ecc. ...) senza contrariarla, percependo il maggior vantaggio rispetto ad un'azione individuale.

Nello stesso momento in cui abbiamo scoperto i vantaggi di far parte di un gruppo, rinunciando a parte della nostra individualità, abbiamo pertanto conosciuto il timore di essere esclusi dal gruppo, che in quel caso significava diventare pietanza di prima portata nel menù del primo predatore di passaggio. Se ci guardiamo attorno, la nostra esistenza attuale non è poi dissimile da quella degli atavici mammiferi: in tutti i setting di vita (da quello lavorativo a quello familiare), è presente un "capobranco" e dobbiamo negoziare visioni e significati mediando i nostri con quelli degli altri membri del gruppo.

Se questa operazione non riesce, rischiamo di essere esclusi dal "branco".

Lo strumento di tutto ciò è la *comunicazione*. La comunicazione è pertanto l'unico strumento che abbiamo a disposizione per regolare le relazioni fra di noi. Di conseguenza, la qualità delle nostre relazioni dipende dalla qualità della nostra comunicazione.

Desideriamo far parte di un gruppo fino a quando ne percepiamo un vantaggio e cerchiamo di regolare di conseguenza la nostra comunicazione.

Pur sapendo che non sempre il nostro leader è affidabile, giudichiamo più economico non contraddirlo, almeno fino a quando ciò risulta vantaggioso in termini di distribuzione degli strumenti di soddisfazione dei bisogni, minimizzando i rischi che questo comporta.

Potete voi stessi stabilire, confrontando le vostre esperienze di vita o professionali all'interno di organizzazioni fortemente strutturate da gerarchie formali e spontanee, come - pur con forme necessariamente differenziate - molte dinamiche si sovrappongano in qualche modo agli eventi descritti nel trafiletto successivo, recuperati nei ricordi personali, così come può fare chiunque legga queste riflessioni.

La comunicazione è pertanto sinonimo di *mediazione, persuasione, condivisione*. Se qualcosa va storto, se emergono incomprensioni o conflitti, è perché qualcuno non ha percepito, o non è stato in grado di percepire, il vantaggio di mantenere la relazione e desidera modificarla o uscirne. L'incomprensione può avvenire per numerosi e svariati motivi, non solo per assenza di tecnica. Tutti noi abbiamo esperienza di come ciò sia frequente e le conseguenze possano raggiungere livelli elevati di stress. Eppure, le nostre competenze comunicative sono innate e già piuttosto evolute sin dal momento in cui veniamo al mondo. Il pianto del bambino (il cosiddetto "pianto sociale") è non solo il primo atto comunicativo ma il primo atto in assoluto della vita.

Il pianto sociale è prodotto per pretendere accudimento. Il cucciolo dei mammiferi (il termine stesso lo svela), in mancanza di esso, non sopravvivrebbe. Ma questo atto è in realtà ben più profondo di quanto si possa intuire, poiché dimostra l'istintuale e raffinata competenza comunicativa di cui è già dotato il neonato. Questi, infatti, è in grado di comprendere l'effetto della sua comunicazione sugli altri, ed il vantaggio che la risposta degli altri produce su di lui. Nessuno, infatti, anche se non è il genitore del bambino, è in grado di rimanere insensibile alla richiesta disperata di accudimento. E di ciò il bambino è ben consapevole.

Anche le forme arrotondate del cucciolo di mammifero, che vengono giudicate così piacevoli dagli adulti, hanno lo scopo di sollecitare i meccanismi di attaccamento e accudimento.

Sin dalla nascita, pertanto, siamo dotati di una *"Teoria della mente"*, basata sulla consapevolezza degli strumenti comunicativi e sugli effetti dei propri atti sugli altri. Successivamente la teoria (una serie di corollario di schemi di interpretazione e previsione) si raffina e la persona, maturando, è in grado di comprendere gli effetti della comunicazione degli altri su di sé e sfere via via più ampie del mondo sociale.

Le competenze comunicative, pertanto, sono raffinate e innate ma poi, per una serie infinita di motivi, non sempre le cose vanno come vorremmo, soprattutto in contesti critici come le relazioni intime o quelle professionali.

Questa prima premessa illustra alcuni aspetti generali della comunicazione su cui, probabilmente, non abbiamo avuto occasione di riflettere:

1. *la modalità regolativa del gruppo*: l'aspetto strumentale della comunicazione nella relazione con gli altri membri del gruppo

2. *aspetto probabilistico dell'output*: l'esito di ogni atto comunicativo e relazionale non è mai certo e completamente predeterminabile, ma aumentando la raffinatezza delle previsioni possiamo elevare la probabilità che si determini l'esito che abbiamo desiderato

3. *componente emotiva*: nel messaggio sono presenti in misura più o meno importante componenti emotive, aspetto intrigante di cui discuteremo ampiamente nelle pagine successive

4. *soggettività, intra-soggettività, inter-soggettività*: al di là della terminologia tecnica (non certo fondamentale per i nostri scopi), la comunicazione si estende su più livelli; nel primo caso parliamo del "dialogo interno" che ciascuno di noi instaura con sé stesso, nel secondo caso con un altro individuo e, infine, con gli altri individui che compongono il mondo sociale (condizione sociale)

La comunicazione, inoltre, estende i suoi effetti a componenti ben più ampie rispetto all'atto relazionale. Potremmo affermare che ciascuno di noi è, ed appare diverso dagli altri, proprio per gli effetti della comunicazione su di sé, soprattutto quella della fase infantile e di sviluppo.

La vignetta successiva illustra quanto affermato.

Il bambino in questo tipico comportamento, il "*gattonamento*", è impegnato ad esplorare il mondo. Fino a pochi giorni fa l'ambiente di vita era limitato alla culla, pochi oggetti, i volti dei genitori e di poche altre persone. Poi, improvvisamente, le sponde della culla si abbassano e si prospetta la possibilità di allargare questo mondo così attraente ed esplorarlo. E, nel contempo, progredire le competenze motorie.

Mano a mano che queste si affinano, le esplorazioni del bambino sono sempre più ampie e la "base sicura" (la mamma e l'ambiente conosciuto) è lasciato per periodi sempre più lunghi. Arriva, infine, il momento in cui il bambino scompare dalla vista della mamma, la quale dovrà in qualche modo contenere e contemporaneamente incoraggiare l'esplorazione, regolando la relazione genitoriale.

Sceglierà varie modalità, in relazione alla sua visione personale: nel fumetto a destra emerge una modalità ansiosa, rivelando al neonato che – nel caso questi incorresse in qualche incidente – la madre sarà più preoccupata per come si sentirà lei, che per le conseguenze dell'incidente sul figlio, il quale (con buona probabilità), ricaverà una visione del mondo un po' minacciante, in cui è importante la presenza costante di una figura di riferimento e la ricerca di autonomia è correlata a molti possibili rischi.

Se, all'interno della coppia genitoriale, prevale l'altra modalità (riportata fumetto a sinistra), che generalmente appartiene alla visione del genitore di sesso maschile, il futuro adulto ricaverà con buona probabilità una impressione opposta, in cui i pericoli vanno affrontati e gestiti autonomamente e in cui i vantaggi sono superiori ai rischi.

Ovviamente, non sappiamo se le cose andranno proprio in questo modo, poiché nel corso dell'esistenza possono intervenire molti numerose variabili e gli eventi possono anche invertirsi. Ma è innegabile che gli atti comunicativi precoci sono fortemente condizionanti nella produzione delle strutture di personalità. Ad esempio, condizioneranno le scelte lavorative: una persona che produce le sue scelte condizionata da timori e ansie, affidandosi ad altre figure, differendo le decisioni, raramente sceglierà professioni in cui – al contrario – è richiesta autonomia, presa di decisione in tempi estremamente rapidi, assunzione di responsabilità.

Difficilmente, in altre parole, la incontreremo fra gli operatori di un 118. Più facilmente la incontreremo in altri ambiti in cui tali caratteristiche costituiscono delle abilità apprezzabili.

Riflettendo ulteriormente, riteniamo (l'asserzione successiva rientra più nelle valutazioni personali) non sia la comunicazione a determinare il corso degli eventi, quanto la risposta emessa. Un bambino con un temperamento innato proattivo, probabilmente, potrebbe non seguire i consigli della mamma, nonostante questi possano essere pressanti. Un altro potrebbe scoprire che gli sproni del padre lo conducono inevitabilmente a eventi dolorosi.

In qualche modo potremmo affermare che anche la nostra struttura corporea, non solo la personalità, è fortemente condizionata dagli atti comunicativi: il bambino "avventuroso" si dedicherà probabilmente ad attività e sport che comportano un certo rischio e ciò modificherà anche la sua struttura fisica.

Scorrendo velocemente il calendario, rincontriamo il nostro bambino ormai adulto, cresciuto e impegnato in un'attività professionale in ambito impiegatizio, probabilmente il collega di qualcuno di voi. È al termine di una giornata di lavoro piuttosto pesante (e non vi sarà difficile identificarsi in lui) e il suo responsabile gli comunica la richiesta di eseguire un compito nel modo che è riportato nel primo fumetto (a destra). È anche possibile che accettare la richiesta comporti per l'ennesima volta il prolungamento dell'orario di lavoro.

Come vi sentireste voi in questo caso? Quali emozioni susciterebbe questa modalità estremamente impositiva? Come eseguireste il compito e quale sarebbe la valutazione nei confronti del vostro responsabile?

Inutile dire che emergerebbero sentimenti di rabbia e frustrazione, il compito verrebbe eseguito controvoglia e probabilmente non ricerchereste la massima efficienza anche come modalità punitiva e di protesta celata rispetto alla richiesta e la valutazione nei confronti del responsabile non sarebbe certamente positiva. Per quanto quello dell'esempio possa apparire un po' enfatico, concorderete che lo stile comunicativo più ricorrente in ambito lavorativo è comunque molto simile a quello illustrato nella prima eventualità.

Nel secondo fumetto, la richiesta è espressa in modo opposto, più cordiale e amicale, senza imposizioni. Emergeranno pertanto sentimenti e valutazioni positive, anche nei confronti del responsabile che riuscirà così a creare un clima collaborativo.

Apparentemente.

In realtà, per certi aspetti, è l'esatto contrario. La comunicazione che possiamo giudicare cordiale è in realtà un esempio di una raffinata tecnica persuasiva, che costringe il nostro povero collega in ogni caso ad eseguire un compito e farlo valutandolo come una sua scelta personale. Il clima di cordialità non inganni: quando ricevete un regalo ciò che conta è il contenuto, non la confezione. Un abile comunicatore è in grado di *persuadere* un interlocutore a fare ciò che desidera nella convinzione che la scelta non è imposta ma è libera, nella sua disponibilità. In questo caso l'operatore si concentra sulle due possibili opzioni e ne sceglie una, ma non considera un'altra possibile opzione, cioè quella di non eseguire affatto il compito. Le opzioni proposte saranno già state valutate come vantaggiose da chi le propone, il quale otterrà pertanto in ogni caso ciò che desidera.

Il suo interlocutore percepirà a sua volta un vantaggio, per quanto in buona parte illusorio, poiché riterrà di aver orientato la scelta e non aver modificato pericolosamente la relazione con il responsabile in caso di rifiuto.

Le componenti del raggiungimento dell'obiettivo e del mantenimento (o del miglioramento) della relazione fra i comunicatori caratterizza la *"comunicazione assertiva"*. In caso di assenza di uno di questi componenti non possiamo parlare di assertività, come vedremo nelle pagine successive.

Se il responsabile avesse imposto la sua richiesta, infatti, avrebbe ottenuto il compito ma modificato la relazione con il suo collaboratore.

L'assertività genera inevitabilmente assertività (così come è vero il contrario).

Se l'operatore avesse opposto un netto rifiuto, infatti, avrebbe sicuramente compromesso in qualche misura la relazione. Se avesse accettato, pur non percependone un vantaggio, non avrebbe ottenuto il suo obiettivo personale, che è quello di lasciare il posto di lavoro nell'orario previsto. Ne sarebbe nato un conflitto interno che poi si sarebbe esteso alla relazione fra i due interlocutori, con il rischio che si allarghi all'intero contesto organizzativo.

I conflitti, estremamente presenti in contesti dell'elevato investimento emotivo, originano proprio in scambi comunicativi che portano gli attori sociali a non percepire più come vantaggiosa la relazione, attuare modalità di protesta e di difesa, soprattutto nel caso la relazione non possa essere abbandonata.

I CANALI DELLA COMUNICAZIONE

Affidiamo i nostri messaggi a molti e differenti canali, alcuni di origine biologica, altri – originati più recentemente – con caratteristiche digitali.

La comunicazione naturale e quella umana incorporano caratteristiche analogiche, su categorie continue e non discrete (come la sequenza 0-1 che è alla base del funzionamento degli apparati informatici). Ma ciò non significa che la comunicazione umana non utilizzi sistemi di codifica raffinati che la rendono pressoché perfetta, in termini di valore del messaggio che può potenzialmente veicolare, per quanto volubile sotto il piano dell'interpretazione.

Accademicamente (ma nella realtà le categorie non sono così nette e sempre facilmente distinguibili) si tende a considerare tre raggruppamenti di fenomeni della comunicazione umana: A) la comunicazione *verbale*, B) la comunicazione *non verbale* e C) la comunicazione *para-verbale*.

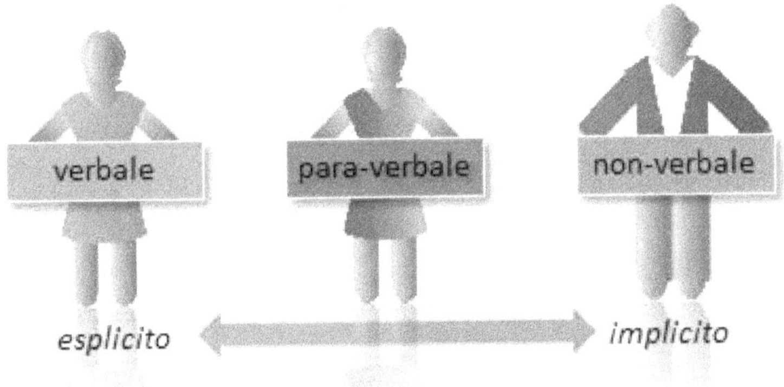

Esaminandole nel dettaglio, scopriremmo che la *comunicazione verbale* è quella che sta davanti ai vostri occhi, codificata nelle lettere, le parole e le frasi che compongono questo testo. La comunicazione verbale, infatti, non è solo quella che sgorga da strutture specializzate (specifici apparati biologici e nervosi) i quali consentono di modificare la pressione dell'aria, successivamente intercettata da altrettanti sofisticati meccanismi bio-chimici che li trasformano in messaggi dotati di senso. In alcuni casi, come nell'utilizzo della scrittura o pittogrammi, o specifici codici, si affida canali che poi rimandano all'emittente grazie a convenzioni istituzionalizzate o informali (ad esempio la lingua italiana e le sue regole e i numerosi dialetti che si avvicendano sul territorio italiano).

In questo caso, cogliendo i simboli che compongono ogni unità (la parola) siamo in grado di riferirci al dialogo emesso di chi ha scritto questo testo, sfruttando uno strumento che non richiede necessariamente la contemporaneità di chi emette e chi recepisce il messaggio. Potreste infatti leggere questo testo dopo molto tempo rispetto a quando è stato scritto. Ma, per certi versi, è come se chi ha elaborato questi pensieri fosse di fronte a voi a comunicarli direttamente. La scrittura è pertanto una sub-categoria della comunicazione verbale e rappresenta piuttosto fedelmente la caratteristica diadica della comunicazione, che non è una semplice trasmissione di codici ma un processo circolare in cui i significati si creano e si modificano con la mediazione di tutti gli attori presenti o, in questo caso, non presenti sulla scena.

Umberto Eco parlava di *"testi aperti"* e *"testi chiusi"*, intendendo i gradi di libertà concessi dall'autore all'interpretazione di un suo lettore. Un testo chiuso è un manuale di montaggio di un mobile dell'Ikea. Non è consigliabile fornirgli interpretazioni, vi potreste trovare fra le mani un manufatto diverso rispetto a quello che avevate progettato per il vostro budoir.

In un romanzo, una ballata d'amore, una poesia ispirata dai tormenti giovanili, ciascuno di noi si rispecchia e si riconosce in modo diverso, poiché ognuno è differente dall'altro. Dopo poche pagine de *"Il cammino di Santiago"*, ciascuno di noi desidera intraprendere il viaggio, ma ciascuno lo fa a modo suo, poiché ciascuno desidera sublimare parti che appartengono a lui e a nessun altro e proprio in questo risiede la forza della narrazione comunicativa del best seller di Paulo Coelho .

Salvo casi particolari, la comunicazione umana è un *testo aperto* e richiede sistematicamente la partecipazione del ricevente per completare il fenomeno. Per poterlo fare, tuttavia, deve affidarsi ad altre componenti, che nel testo scritto sono mancanti, per quanto ciò rappresenti proprio l'aspetto più intrigante e affascinante della letteratura.

Quanto alla *comunicazione non-verbale*, ci si riferisce a tutta quella parte di comunicazione che non è affidata alla parola o ai suoi simboli condivisi (come le lettere che compongono l'alfabeto e il testo scritto). Tipicamente appartengono a questo mondo la gestualità ed i pittogrammi.

La gestualità è una componente fondamentale della comunicazione, per certi versi trasversale e per altri tipicizzante delle differenti culture. Come è noto, la cultura latino-mediterranea utilizza in maniera enfatica questo canale comunicativo per dare magniloquenza al discorso; siamo in grado di esprimere lunghi e raffinati concetti anche solo utilizzando le mani o altre parti del corpo.

I pittogrammi (come i disegni ed i segnali) appartengono ad una categoria intermedia e, almeno in questa fase, poco utile ai nostri scopi.

Infine, la *comunicazione para-verbale* è tutta quella complessa e articolata parte della comunicazione che non appartiene né al linguaggio né alla gestualità, ma è associata ad entrambe. Potremmo dire che questo canale enfatizza il discorso e il significato utilizzando vari codici, in parte frutto di convenzione, in parte originati in meccanismi biologici.

L'elenco di modalità comunicative veicolate attraverso questa via è piuttosto lungo: ad esempio il contatto visivo. Tutti noi sappiamo quanto sia differente fornire una notizia ad una persona o comunicare con essa mantenendo lo sguardo su di lei, oppure abbassando lo sguardo. Il contatto visivo è un'espressione di socialità che tutte le culture utilizzano, seppure in modo differente. In alcune aree del mondo una fissazione sostenuta può essere interpretata come un atto di sfida. I latini, al contrario, preferiscono comunicare fissando l'interlocutore negli occhi e questi ricambia lo sguardo per manifestare interesse.

La *fissazione* viene utilizzata anche come modalità di punteggiatura: in un contesto sociale, infatti, se i parlanti sono numerosi, una persona può comunicare ad un'altra che ha finito di parlare e cedere il turno semplicemente fissandola negli occhi.

Questa modalità, come anticipato, ha profonde origini evolutive, al punto che – come per sparute altre specie animali – abbiamo modificato le nostre caratteristiche biologiche proprio per ottenere una comunicazione più efficace. Probabilmente la maggior parte di voi non ha notato che l'uomo è fra i pochi animali (in rada compagnia) a possedere la sclera dell'occhio bianca. La membrana fibrosa che circonda l'iride, comunemente nota come "bianco dell'occhio", contrasta nettamente con la parte interna.

Secondo alcuni studiosi, questa mutazione, in antitesi con la maggior parte delle specie animali (e che in effetti comporta qualche svantaggio, come una eccessiva fotosensibilità) dimostra la nostra evoluzione sociale, in termini di percezione dei vantaggi nel far parte di un gruppo di riferimento, con il quale possiamo comunicare efficacemente – pur senza l'utilizzo del canale verbale – anche a distanze considerevoli. Il relatore che si trova di fronte ad una nutrita platea, infatti, è in grado - grazie a questa dotazione - di verificare se il suo discorso incontra ancora l'interesse dei partecipanti oppure è arrivato il momento di proporre una pausa caffè.

Questa forma di comunicazione, probabilmente, si è evoluta nel momento in cui i nostri antenati hanno iniziato ad esplorare il mondo in gruppo ed hanno utilizzato questo canale per coordinare la formazione, per scopi di caccia e conoscenza del territorio, anche a distanze superiori a quelle gestibili con un semplice sussurro di voce. Questi, infatti, avrebbe potuto spaventare una preda o rivelare la posizione di un individuo ad un predatore.

A differenza di altre forme di comunicazione arcaiche, questa modalità è proseguita nella storia evolutiva ed è giunta fino ai nostri giorni, confermando la caratteristica regolativa della socialità della comunicazione.

Così come il contatto visivo, molti altri strumenti comunicativi utilizzano il canale para-verbale. Fra questi la *postura*: la posizione del corpo rivela lo stato d'animo dell'individuo e il suo approccio relazionale in quell'istante. Ricaviamo impressioni molto accurate di chi ci sta di fronte in pochi istanti, ancora prima che l'interlocutore proferisca parola. Se questi si avvicina a noi con le spalle ricurve e lo sguardo basso (la tipica *"posizione del frustato"*) rivela un atteggiamento passivo e l'accettazione di una linea inferiore in una ipotetica scala gerarchica. Allo stesso modo può rivelare ansia e con essa che la relazione è vissuta con una forte dose di stress.

Dopo aver definito una impressione, soprattutto se negativa, tendiamo a mantenerla accettando i segnali che la confermano e ignorando quelli che la disconfermano. È molto più rischioso, infatti, modificare un'impressione negativa che viceversa. Inoltre, ciò risulta antieconomico per il nostro complesso organismo che tende sistematicamente a risparmiare preziose risorse energetiche.

Ma come ci comportiamo con una persona che ci rivela la sua inadeguatezza? Solitamente confermando di ritenerla inadeguata. Le *"profezie che si auto-avverano"* (intuizione che si deve a Robert K. Merton) dimostrano come siamo noi stessi a determinare il corso degli eventi relazionali (e non solo) inducendo gli altri a confermare le nostre aspettative, per quanto queste possano non piacerci. È infatti preferibile un mondo determinabile e prevedibile, per quanto non pienamente soddisfacente, che un mondo incerto, anche quando si prospetta migliore.

Un anomico tedesco recitava nel '700: *"l'uomo preferisce la certezza della miseria, alla miseria dell'incertezza"*. Osservazioni che sono state confermate qualche centinaio di anni dopo dagli studi empirici dei cognitivisti, dei sociologi e degli psicologi sociali.

Se non siete soddisfatti di come gli altri si comportano con voi, pertanto, prima di analizzare il loro comportamento provate a fare altrettanto con il vostro. Potreste scoprire che siete stati voi stessi a suggerire agli altri l'atteggiamento da adottare nei vostri confronti.

Le regole dell'interazione si creano pertanto in pochi istanti grazie a segnali para-verbali e vengono negoziate dagli interlocutori, in modo vantaggioso per ciascuno, per quanto ad un osservatore esterno possa non apparire così. Nessuna relazione, salvo casi particolari, può infatti perdurare se qualcuno percepisce che non ne ha vantaggio o che questo è eccessivamente sbilanciato in suo sfavore. Una postura eretta, con lo sguardo puntato sull'astante, rivela sicurezza e l'assenza di ansia e otterrà risultati opposti.

Ciascuno di noi, razzolando nella sua memoria, rinverrà traccia del compagno di classe che riusciva ad ottenere sempre ottimi risultati poiché si approcciava ai professori o ai docenti dimostrando estrema padronanza, tanto che l'impegno era per lui una normale ruotine. Al contrario noi, che perdevamo la notte sui libri ma sapevamo possedere una preparazione migliore, non riuscivamo ad ottenere gli stessi risultati o almeno non con la stessa apparente fluidità. E ciò che faceva crescere la rabbia nei confronti del compagno era che, quando sbagliava o era inaccurato nelle risposte, il professore addirittura lo aiutava. Per noi, invece, il trattamento era spesso opposto. Perché accade questo? La tabella suggerisce la spiegazione.

Evento	Impressione	
	Positiva	Negativa
Lo studente risponde in maniera corretta	• Conferma dell'aspettativa • Nessuna ricerca di spiegazioni alternative • Non occorre cercare ulteriori notizie confermanti	• Disconferma dell'aspettativa • Ricerca di spiegazioni alternative (es. "sarà l'unica cosa che sa") • Proseguo per dimostrare che lo studente è impreparato
Lo studente risponde in maniera non corretta	• Disconferma dell'aspettativa • Ricerca di spiegazioni alternative (es. sarò io che ho posto male la domanda) • Cerco ulteriori notizie confermanti e aiuto lo studente a fornirmele	• Conferma dell'aspettativa • Nessuna ricerca di spiegazioni alternative • Non occorre cercare ulteriori notizie confermanti

In ogni caso, pertanto, il nostro studente timoroso, ponendosi di fronte al suo esaminatore ed emettendo segnali che rivelano il suo stato d'animo, indurrà il suo valutatore a confermare l'impressione percepita. E in ogni caso avrà vita più difficile rispetto al suo compagno, a parità di preparazione.

Un noto esperimento sociale, facilmente rintracciabile nella letteratura specialistica, rivela il ruolo delle aspettative e della loro conferma nelle relazioni sociali.

Un gruppo di studenti, nell'ingresso alla scuola superiore, è stato presentato ai docenti come composto da ragazzi dotati, studenti volonterosi e proficui. Per un altro gruppo, al contrario, ai futuri professori sono state fornite informazioni opposte.

Qualche anno dopo, sono stati esaminati i risultati scolastici e si è notato che la media del primo gruppo (presentazione positiva) era significativamente superiore rispetto al secondo (presentazione negativa).

In realtà, le notizie fornite ai docenti erano false. I due gruppi erano stati aggregati in modo casuale, vale a dire che in ciascun gruppo erano presenti studenti che finora avevano ottenuto una carriera scolastica positiva così come il contrario. Erano stati gli stessi professori, indotti dalle impressioni ricavate dalle notizie fornite loro, a modificare il profitto scolastico aiutando gli studenti ritenuti bravi in caso di difficoltà e abbandonando quelli ritenuti meno bravi, confermando cioè l'aspettativa che non avrebbero in ogni caso ottenuto risultati scolastici soddisfacenti.

Comprendendo il vostro imbarazzo, vi informiamo che dopo questo (e altri esperimenti sociali compiuti negli anni '60-'70 del secolo scorso) ogni ricerca deve essere approvata da un comitato etico, proprio per evitare i comprensibili danni ai soggetti sperimentali.

Il canale della comunicazione para-verbale veicola informazioni attraverso ulteriori modalità. Per esempio, ogni volta che noi indossiamo un vestito, oltre a proteggerci dalle intemperie, comunichiamo in qualche misura agli altri come vediamo noi stessi, come vediamo gli altri e come vogliamo che gli altri vedano noi.

Scusandoci per l'ennesima nota autobiografica, ricordo che durante il primo incarico in ospedale avevo bisogno di un parere di un medico specialista per un mio paziente che seguivo in studio. Comunicai alla mia responsabile la mia intenzione e mi avviai per raggiungere il reparto. La collega, decisamente più esperta di me di queste prassi, mi fermò e mi chiese dove stessi andando senza il camice. Risposi che, limitandomi alla reception del reparto, non ne avrei avuto bisogno.

Mi rispose che senza il camice avrei atteso per ore inutilmente in mezzo ai pazienti, cosa che in effetti era già successo in precedenti occasioni. Seguii il suo consiglio. Quando arrivai in reparto chiesi del medico e questi mi accolse dandomi del "tu", nonostante non ci fossimo mai incontrati, e mi concesse di entrare immediatamente senza rispettare l'ordine di attesa.

Fra le ulteriori modalità comunicative che utilizzano il canale para-verbale ci sono comportamenti motori come stringere la mano di una persona quando la incontriamo o la rivediamo, toccarla mentre le parliamo o la distanza (*"prossemica"*) che regoliamo con lei.

La prossemica è una modalità immediata con cui comunichiamo all'altro come vediamo la relazione che ci accomuna. Ovviamente, soprattutto in questo caso, ogni regola deve essere negoziata per evitare fenomeni di reattanza.

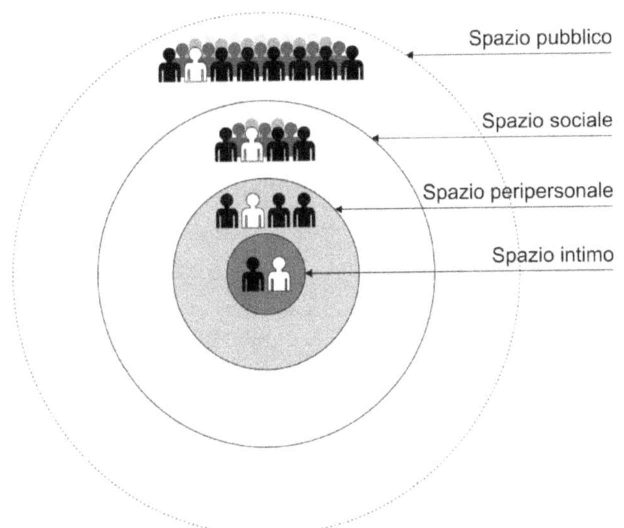

Le persone che condividono la sala d'attesa di un ambulatorio medico o lo scompartimento di un treno, infatti, salvo situazioni particolari gestiscono uno *"spazio sociale"*, che prevede lo sfruttamento degli ambienti nel rispetto dell'intimità di ciascuno. Infatti, all'arrivo, inizialmente ciascuno sceglie lo spazio più distante possibile rispetto a chi è arrivato prima, contrapposto spazialmente, fino a quando non rimarrà un'unica sedia libera che sarà probabilmente quella di fianco a colui che era presente nella stanza sin dall'inizio.

L'ambiente professionale è condiviso con modalità sociali e *peripersonali*; in quest'ultimo caso le distanze sono condizionate da dinamiche spaziali, simboliche ed affettive, oltre che la storia comunicativa degli interlocutori.

Avvicinarsi ad una persona durante il dialogo manifesta vicinanza fisica ma anche empatica. Ma raramente concediamo a qualcuno di entrare nel nostro *"spazio intimo"*, che solitamente è riservato ai familiari più stretti (partner e figli). Un'invasione non condivisa viene accolta come una minaccia e la risposta conseguente può essere irrigidimento (risposta alla minaccia) o il ritrarsi (per manifestare contrarietà all'invasione e mantenere uno spazio di sicurezza).

Tutte modalità, come immaginate, che vengono agite e interpretate in tempi estremamente rapidi e che costringono gli interlocutori a creare e modificare in continuazione le regole del dialogo per mantenere regole accettabili per entrambi. Ad esempio non tutte le persone hanno piacere di essere toccate o avvicinate durante il dialogo anche con interlocutori con cui condividono una stretta relazione, ma ciò non significa che siano scostanti o poco inclini alla condivisione. Cogliendone i segnali, è possibile valutare se la loro ritrosia sia dovuta allo stress della situazione oppure allo stile comunicativo che predilige altri canali, al posto di quello fisico, suggerendoci di adottare a nostra volta canali coerenti, se desideriamo rendere la relazione proficua.

Come vedete, anche dovendo in qualche caso banalizzare aspetti che nella realtà ci appaiono decisamente complessi, gli strumenti della comunicazione sono molteplici e sovrapposti, pur afferendo alle tre categorie di cui abbiamo riferito poc'anzi (*verbale, non verbale e para-verbale*).

Potremmo domandarci, a questo punto, qual è il peso ponderato di ciascun canale nell'efficacia di un discorso. In altre parole, volendo persuadere qualcuno (ad esempio sollecitandone la collaborazione in un compito professionale), quale di queste tre modalità può risultare più efficace? Potremmo porre il dilemma in questi termini: se il potere persuasivo di un messaggio (stante il fatto che ogni messaggio incorpora una componente persuasiva) vale 100, in quali percentuali si dividono i tre canali comunicativi?

Generalmente le persone, a questa domanda, rispondono con convinzione che la parte più efficace della comunicazione è proprio la comunicazione verbale. Cioè quella più evoluta, che sfrutta una combinazione quasi perfetta fra dotazioni biologiche, cognitive e nervose. Chi non ha avuto occasione di dedicarsi a questi argomenti solo in qualche caso si spinge ad ipotizzare che, oltre alla comunicazione verbale, un peso importante – ma comunque inferiore rispetto alla prima modalità – sia associato alla comunicazione non- verbale. In tutti i casi, chi risponde in questo modo è tratto in inganno dagli aspetti visibili della comunicazione, ma che non per questo garantisce risultati poderosi.

Fra i tre canali, infatti, la comunicazione verbale è proprio la modalità meno efficace, quella che risulta meno adatta a trasmettere gli strumenti persuasivi ed attivare le risposte stereotipate dell'interlocutore. La comunicazione non-verbale è in grado di farlo sicuramente in modo più efficace, ma rimarrete probabilmente sorpresi del fatto che il canale più efficiente ed affidabile è il realtà quello della comunicazione para-verbale e di tutti i meccanismi ad esso collegati.

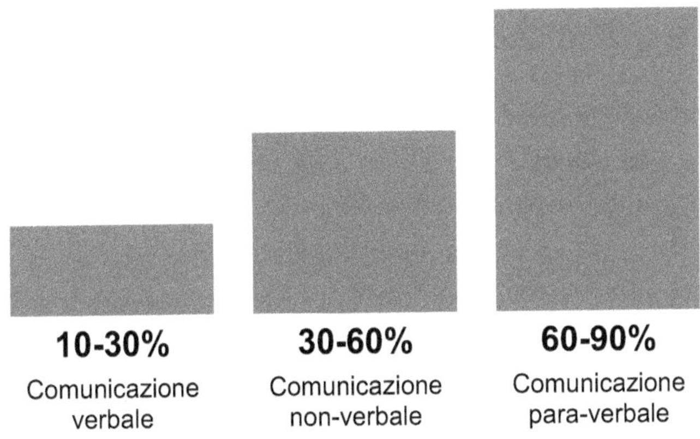

L'utilizzo della parola e di tutte le sue forme (come la scrittura) è l'unica modalità "digitale" della comunicazione umana e, come anticipato, comporta che il messaggio venga creato da chi intende trasmetterlo, a volte modificato dal mezzo di comunicazione e, soprattutto, decodificato da chi lo riceve. I codici afferiscono ad un significato che è prodotto all'interno di una visione (del mondo, della situazione...) che non necessariamente coincide con quello del ricevente, per il quale gli stessi codici sono comunque referenti di un modo differente, come ha dimostrato Claude Shannon autore della *Teoria generale della comunicazione*.

La comunicazione verbale è quanto di più ambiguo e volubile a cui possiamo affidare un nostro messaggio importante. Risente inoltre di alcuni limiti pragmatici: per esempio il tempo di esposizione di un discorso, talvolta, può essere molto lungo e il ricevente deve dedicare molte risorse attentive nell'azione di decodifica, risorse di cui non sempre dispone e o desidera utilizzare.

Riguardo a questo aspetto, come vedremo, va detto che gli abili comunicatori sanno persuadere le persone proprio sfruttando la loro disponibilità di attenzione o, al contrario, inibendola come nel caso in cui vogliono evitare che l'interlocutore rintracci nella sua memoria informazioni o esperienze che disconfermano la sua tesi.

Al contrario la comunicazione para-verbale è immediatamente disponibile, utilizza canali sensoriali e cognitivi di base, non richiede importanti risorse attentive e talvolta neppure la compresenza, per quanto simbolica (come nel caso di chi scrive e legge un libro) degli interlocutori.

Le immagini qui sotto sono un'efficace dimostrazione di ciò.

Chiunque, anche non appassionato di animali o cani in particolare, non ha bisogno di aspettare che il tenero cucciolo a sinistra parli (cosa che ovviamente non è in grado di fare) per comprendere il suo stato intimorito e bisognoso di accudimento. Chi ha annoverato un cane fra i propri amici confermerà che l'intesa con lui è stata quasi perfetta. Al contrario, non avremmo difficoltà a comprendere cosa ci sta comunicando, e agire di conseguenza (probabilmente una rapida fuga), l'animale dell'altra foto. Amanti dei cani e non sono perfettamente in grado di farlo, nonostante nessuno dei nostri due testimonial pelosi sia in grado di emettere un suono lontanamente riconducibile ad un codice fonetico umano.

La comunicazione para-verbale sfrutta canali che si sono evoluti anticamente, bypassano i meccanismi cognitivi razionali, elaborati e necessariamente più lenti, e prevale sulle altre modalità. Se minacciamo un nostro conoscente sorridendo, egli capirà che stiamo scherzando proprio dall'espressione facciale, nonostante i codici verbali che stiamo utilizzando dicano l'esatto contrario.

Soprattutto, va rilevato che la comunicazione para-verbale non può essere inibita o interrotta. Tantomeno modificata. Solo i grandi attori riescono ad impersonare un personaggio che non gli appartiene. Per tutte le altre persone non vie è possibilità di dire una cosa e pensarne un'altra: l'espressione del viso, il tono della voce e la velocità dell'eloquio, così come altri segnali che vengono espressi e percepiti in maniera implicita (cioè sotto la soglia di consapevolezza) rivelano l'ambiguità e provocano la reattanza dell'astante. Tendiamo infatti sempre a sfuggire alle situazioni ambigue, perché poco determinabili e le persone risultano poco prevedibili. Siamo molto bravi, nonostante qualcuno possa ritenere il contrario, a individuare le bugie, proprio perché cogliamo immediatamente i segnali di ambiguità. I bambini, quando vogliono nascondere alla mamma di aver fatto una marachella, a volte stringono fortemente le mani dietro la schiena per inibire i movimenti che non sarebbero sotto il loro controllo. Anche in età adulta, talvolta, fatichiamo noi stessi a raccontarci delle bugie e un improvviso attacco di *iperemia* (il nostro viso che si accende come una lampadina rossa) rivela che il nostro censore intimo se n'è avveduto.

Un lettore attento avrà notato che, fra le righe, abbiamo anticipato un passaggio importante, se non fondamentale, che intendiamo sviluppare fra qualche riga. Prima, però, desideriamo illustrare (ci scusiamo per l'eccessiva semplificazione) la struttura e il funzionamento del sistema nervoso umano.

Se sezionassimo un encefalo, esponendo le strutture interne, noteremmo che le afferenze (vale a dire i condotti nervosi che trasferiscono il segnale da un'area all'altra del Sistema Nervoso) sono molto maggiori dal *sistema limbico* alla *neo-corteccia*. Le vie neurali che collegano le aree interne a quelle esterne del cervello risultano decisamente maggiori e più dense rispetto alle vie che percorrono il senso contrario.

La *neo-corteccia*, la parte più esterna del cervello, spessa pochi millimetri, si è evoluta solo nelle ultime migliaia di anni ed è caratterizzata da una fitta rete di neuroni specializzati, grazie ai quali possiamo esprimere le valutazioni più fini. Grazie a quest'area dell'encefalo, siamo in grado di razionalizzare i nostri pensieri, progettare, rimandare un'azione per cogliere il momento più opportuno ma anche produrre poesie e composizioni sinfoniche.

Il *sistema limbico*, all'opposto, è un'area profonda del cervello e comprende le strutture più antiche nella nostra storia evolutiva. Viene chiamato anche *"cervello del rettile"*. Rassicurandovi che non abbiamo nessun essere strisciante all'interno del cranio, il suo nome è dovuto al fatto che è pressoché identico da milioni di anni, molto ora prima della nostra trasformazione in mammiferi.

Ma ci costringe in qualche maniera a pensare come dei rettili. Questi animali, piuttosto primordiali, non dispongono di aree corticali evolute ed i loro comportamenti sono basati su semplici stereotipi selezionati dalla funzione emotiva. L'attivazione della paura seleziona comportamenti coerenti (la fuga o l'attacco), l'attivazione della fame la necessità di procurarsi il cibo e così via.

Noi stessi, quando siamo attivati da un'emozione riconducibile alla paura, valutiamo rapidamente e grossolanamente l'ambiente e la situazione ed emettiamo un comportamento coerente con le modificazioni che il nostro organismo subisce per prepararci a gestire gli eventi e garantirci la sopravvivenza.

Nessuno infatti, in preda al panico, valuterebbe sensato mettersi a raccontare barzellette. Disponiamo infatti di scarso controllo razionale sulle nostre emozioni: se qualcuno ci spaventasse – anche per gioco – potremmo poi tranquillizzarci («*era uno scherzo, non c'è alcun motivo di avere paura*») ma nonostante questo le modificazioni organiche (battito cardiaco accelerato, focalizzazione dell'attenzione, ipersensibilità ai segnali ambientali...) perdurerebbe a lungo.

Per dimostrare come i meccanismi automatici e inconsapevoli non siano sotto il nostro controllo vi proponiamo questo piccolo esperimento.

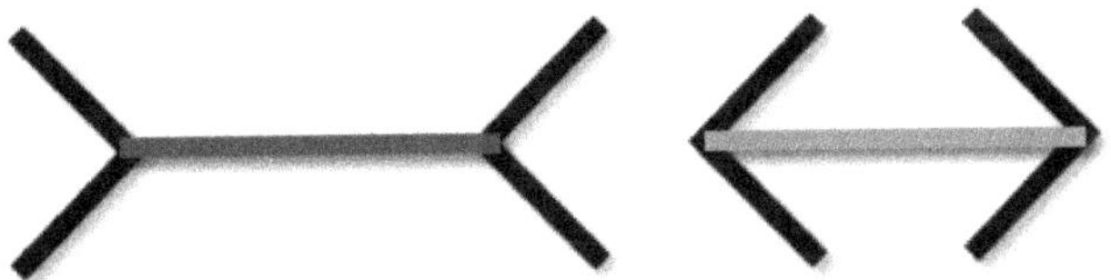

L'antica illusione di Franz Carl Müller-Lyer (di fine '800), ci costringe a percepire un oggetto in modo differente da come è in realtà, poiché alcuni dispositivi di semplificazione intervengono per ottimizzare i tempi di percezione della realtà, anche quando non appare particolarmente complessa.

Durante la nostra evoluzione si è sviluppato e installato fra i meccanismi di valutazione uno stereotipo basato sull'osservazione che in natura gli oggetti grandi generalmente contengono quelli piccoli. Sono sufficienti gli angoli che simulano la chiusura o l'apertura dell'oggetto per farci apparire decisamente differenti i due oggetti.

In realtà, come avrete intuito, le due linee sono perfettamente sovrapponibili, si tratta in effetti dello stesso oggetto.

Ma la cosa interessante è che continueremo a vederle differenti nonostante razionalmente siamo assolutamente certi del contrario. Addirittura potremmo utilizzare uno strumento di misurazione, come un righello, verificare la loro equipollenza ma la percezione non varierebbe.

Poiché i meccanismi automatici prevalgono sui meccanismi razionali e consapevoli, possiamo affermare che le modalità comunicative più efficaci – che convergono nel canale para-verbale – sono proprio quelli di cui disponiamo il minore controllo.

La comunicazione efficace, pertanto, non si realizza attraverso la sapiente regolazione delle parole (o, almeno, non solo), ma attraverso la condivisione del canale empatico con i nostri interlocutori e con la conoscenza e lo sfruttamento degli schemi di risposta automatica disponibili e coerenti con il contesto.

PERCHÉ, TALVOLTA, NON CI CAPIAMO?

Addentrandoci in un contesto più pragmatico, possiamo intuire in qualche modo l'importanza di possedere efficaci strumenti comunicativi nella pratica quotidiana, fortemente caratterizzata dalla componente relazionale.

Nella visione "medica", la diagnosi si basa su criteri oggettivi e la prognosi sulla capacità della sostanza chimica di modificare il funzionamento dell'organismo. In realtà, come ha potuto verificare chi vive la realtà a contatto con il paziente, la *diagnosi* si basa in parte su inizia da ciò che dichiara il paziente, sollecitato a farlo in modo adeguato, e la *prognosi* in misura significativa sulla volontà del paziente di guarire, dalla convinzione che la cura sarà efficace dal processo comunicativo e relazionale con il suo terapeuta (il cosiddetto *effetto placebo*). Negli psicofarmaci, tale effetto supera abbondantemente (si stima corrisponda al 70%) quello del principio attivo. La cura è pertanto nella comunicazione, prima ancora che nella molecola.

L'efficacia della comunicazione e della relazione si misura non solo nella relazione fra gli interlocutori, ma anche fra essi e l'organizzazione sociale in cui agiscono. Per comprendere questo concetto vi rimandiamo all'esempio già proposto delle due possibili modalità di comunicazione fra un impiegato ed il suo superiore gerarchico. Potete verificare su di voi, per quanto la situazione sia simulata, della prima forma di comunicazione: «*Vada immediatamente a fare il preventivo del sig. Rossi!*». Il tono impositivo, eccessivamente autoritario, viene vissuto come una prevaricazione e l'emozione conseguente è negativa, associata alla percezione di una minaccia. Le minacce sono inevitabilmente vissute con stress e la risposta ansiogena costituisce un segnale di allarme e attiva la risposta cognitiva e comportamentale più coerente con lo stimolo.

L'operatore esegue il compito, ma controvoglia, ed il risultato non è eccellente. In alcuni casi si è notato che, di fronte ad una imposizione da cui non può sottrarsi, il collaboratore può – nei gradi di libertà concessi –

"sabotare" il risultato inscenando una sorta di protesta nei confronti del suo superiore (nell'ambito organizzativo sono noti con l'acronimo C.W.B. – Counterproductive Work Behavior). Un modo per dire: «*ecco, hai voluto che facessi questo lavoro in fretta, potevo farlo tranquillamente domani, vedi che così viene male?*».

Il "*contratto psicologico*" (cioè la regolazione dell'impegno in base a quanto questi ritiene di dover restituire) si approssima pericolosamente al "*contratto normativo*" (ciò che è espressamente indicato dall'accordo sottoscritto dalle parti). In casi particolari, la richiesta così formulata potrebbe ottenere un effetto paradossale, cioè contrario a quello desiderato, come il rifiuto dell'operatore.

Nella situazione opposta: «*Per cortesia, quando riesce a fare il preventivo del sig. Rossi?*», il sentimento che emerge è sicuramente diverso: la richiesta è basata sulla comprensione e stimola la collaborazione, nel rispetto dell'interlocutore. Come già anticipato e desideriamo approfondire, ciò che avete appena letto, in realtà, è un primo esempio di "*comunicazione persuasiva*". Per *persuasione* si può intendere l'indurre una persona a fare qualcosa che non desidera fare, avendo la credenza che la sua azione dipende da una libera scelta. Gli strumenti persuasivi, utilizzati nel marketing ad esempio o nella terapia psicologica, agiscono sulla sfera automatica del nostro sistema cognitivo inibendo le valutazioni razionali che probabilmente ci porterebbero a stimare – ad esempio – l'effettiva utilità di un prodotto. Il marketing utilizza tali strumenti poiché nessuno è disposto ad acquistare beni di cui non percepisce l'utilità. Infatti, nessuno spenderebbe denaro per indurci a bere o mangiare, poiché questi atti sono indispensabili alla nostra sopravvivenza. E, come recitava l'industriale ed economista Henry Ford: «*se un prodotto viene pubblicizzato vuol dire che possiamo farne tranquillamente a meno*».

L'operatore, in questo caso, ritiene di avere libera scelta. Ma non è così, la libertà è solo apparente: infatti il messaggio non lascia libero l'interlocutore di svolgere o non svolgere il compito, ma lascia l'illusione di poter definire quando realizzarlo, non considerando che i gradi di libertà sono molto ristretti e solo all'interno di questi è possibile agire.

Chi riceve il messaggio può esclusivamente accettare due opzioni: 1) fermarsi oltre l'orario di lavoro ed eseguire il compito; 2) arrivare sul posto di lavoro con anticipo per presentare il lavoro al suo responsabile nei tempi limite. Ma non è presente l'opzione di non eseguire affatto il compito, che non viene selezionata fra le ipotesi disponibili, poiché può essere elaborata solo ai livelli neo-corticali.

Il messaggio, prodotto evidentemente per costringere l'operatore ad eseguire un compito controvoglia (probabilmente perché richiede impiego di tempo oltre il limite lavorativo), ottiene più probabilmente un risultato soddisfacente, poiché chi lo esegue ritiene di dover ricambiare – per effetto del meccanismo della *"reciprocità"* – quando gli è stato apparentemente concesso. Un po' come quando entriamo in un negozio ad acquistare un prodotto solo perché spinti da un buono sconto che ci era stato regalato al termine dell'acquisto precedente.

Nei corsi per venditori, la stessa modalità viene utilizzata per riuscire ad ottenere un appuntamento con il responsabile dell'ufficio acquisti di un'azienda quando questi, con la scusa di essere oberato di impegni, rifiuta o rimanda a oltranza la proposta di un appuntamento: «*Buongiorno; domani sono dalle sue parti: vengo a trovarla domani mattina appena aprite o... preferisce che passi con calma nel pomeriggio, magari mi indichi pure lei l'orario in cui è meno occupato*». Un venditore abile nelle tecniche di persuasione sarebbe in grado di enfatizzare la prima parte della frase *"vengo a trovarla domani mattina appena aprite"* con un eloquio rapido, quasi agitato, per sollecitare la valutazione che un appuntamento di mattina presto, appena arrivati in ufficio, senza avere il tempo di organizzarsi e programmarsi, sarebbe poco opportuno. La seconda parte *"preferisce che passi con calma nel pomeriggio"*, al contrario, è prodotta con un ritmo rallentato, quasi rilassato, per far intendere che nella seconda parte della giornata il momento è decisamente più favorevole.

In questo modo il venditore avrà ottime probabilità che l'appuntamento verrà concesso proprio quando lo desidererà lui, cioè nel pomeriggio e, probabilmente, in un orario convenzionale poiché il responsabile dell'ufficio acquisti, ritenendo di dover restituire la disponibilità, proporrà un orario che sia vantaggioso per entrambi.

Utilizziamo noi stessi questa tecnica e vi assicuriamo che buona parte dei messaggi portano ad ottenere un appuntamento attorno alle 4 del pomeriggio.

La parola *"preferisce"* (assente nella prima parte dell'asserzione) e la frase *"magari mi indichi pure lei l'orario in cui è meno occupato"* hanno l'effetto di indurre nell'interlocutore la credenza che la scelta è nella sua disponibilità mentre, in realtà, inibiscono l'unica opzione non favorevole al venditore, cioè il rifiuto dell'appuntamento.

La comunicazione persuasiva, come quella *assertiva* che è oggetto di questo manuale, è basata su alcune componenti ma se cercate di intuirle da questo esempio vi consigliamo di non farvi ingannare dai modi gentili e cortesi che si contrappongono alla modalità impositiva, quasi militaresca. La cortesia è una componente che appartiene ad un ordine superiore delle regole che definiscono le relazioni sociali, da cui la comunicazione dipende. Pertanto non è sufficiente essere cortesi per essere efficaci. Questa è una componente necessaria, ma non sufficiente. Quando riceviamo un regalo, siamo sicuramente attratti dalla confezione realizzata con una carta appariscente, magari impreziosita da un fiocco rosso.

Ma ciò che conta è il contenuto, non la confezione.

La confezione sono le parole, alcuni aspetti della comunicazione non verbale e para-verbale che possono modificare l'aspettativa, ma il contenuto è il *significato*, vale a dire ciò che viene effettivamente elaborato dal ricevente e che modifica le sue valutazioni e, di conseguenza, i suoi comportamenti.

Addentrandoci ulteriormente nella pratica quotidiana, vi proponiamo un altro esempio in cui la comunicazione assertiva può contribuire fortemente ad ottenere gli effetti desiderabili, in questo caso sollecitare la collaborazione di una persona che non si ritiene adeguata ad eseguire un compito. Quando temiamo un esito negativo o incerto, ci affidiamo al meccanismo di difesa più immediatamente disponibile, vale a dire l'*evitamento* della situazione, strategia che può assumere svariate forme.

«Dai, forza, vedi che ce la fai, su, su... cosa c'è da lamentarsi?...».

Rimarcando che tutti gli esempi e le esercitazioni che proporremo sono tratte da situazioni reali che abbiamo osservato o che ci sono state riferite direttamente dai protagonisti (per quanto in qualche caso possano apparire inverosimili) vi invitiamo a non considerare gli esempi come regole ma a trarre regole dagli esempi, poiché le situazioni cambiamo e ciascuno le vive secondo la propria valutazione.

In questo caso è presente (per quanto meno evidente) la condizione di prevaricazione: una persona comunica al suo interlocutore - che evidentemente viene dominato nella scala gerarchica del gruppo sociale - che in quel momento sta condividendo un obiettivo macro (operare in un contesto professionale ricavando vantaggi reciproci) e micro (la specifica *task* oggetto dello scambio). Le perplessità vengono stigmatizzate (*«Io sono il tuo superiore, decido io che tu sei in grado di farlo, quindi il tuo lamento è ingiustificato»*). Con questa modalità il leader otterrà probabilmente una risposta di evitamento, come un rifiuto o un comportamento controproducente. Dalla situazione emergerà stress e una valutazione negativa reciproca, che incrina il rapporto di fiducia.

Una possibile alternativa: «*Adesso proviamo a fare questa cosa, dimmi tu quando ti senti sicuro*» attiva il meccanismo della reciprocità, che serve a rassicurare l'interlocutore e sollecitare la sua collaborazione agendo sulla percezione dei suoi gradi di libertà. Ritenendo di poter scegliere, almeno in parte, quando e come agire il comportamento, verrà così ottenuta la collaborazione disponibile, poiché il ricevente considererà positivo il livello di fiducia reciproco e che – in caso di insuccesso – non verrà stigmatizzato, valutando infine meno vantaggioso agire in termini di evitamento.

Concordiamo sulla probabile obiezione che le situazioni reali sono decisamente più complesse, ma l'esempio è comunque una semplificazione - per scopi didattici - di situazioni reali osservate in contesti reali. Utilizzeremo queste situazioni per esplorarne ulteriori aspetti e per esercitare le nostre abilità.

La *comunicazione assertiva* (che potremmo definire lo strumento pratico della persuasione) ha in questo caso anche lo scopo di regolare la relazione fra l'operatore e l'organizzazione in cui opera, estendendosi pertanto ben oltre la mera esecuzione del compito. Talvolta, siamo noi stessi che sottovalutiamo aspetti relazionali indotti a credere che siano accessori rispetto alla tecnica, alle competenze e l'ingegnosità. In realtà le abilità comunicative sovrastano tutte le altre. Tutti i contesti relazionali sono regolati dagli strumenti comunicativi, non solo quelli professionali e in ciascun messaggio è presente la sistematica manovra di persuadere l'altro rispetto ai propri convincimenti. Poiché ciascuno agirà nello stesso senso, la relazione efficace è definita sulla base della *reciprocità*, vale a dire che l'opera di mediazione porta gli interlocutori a percepire che la relazione è vantaggiosa.

Ogni relazione che non preveda questa caratteristica è inevitabilmente destinata al fallimento, anche se non necessariamente alla sua interruzione. I conflitti in cui (per quanto non vorremmo) ogni tanto ci ritroviamo implicati, sono la risultanza del tentativo di qualcuno di ottenere eccessivi vantaggi per sé a discapito di altri e la risposta è tanto più violenta in relazione all'azione e al vantaggio che viene disputato. Ma il conflitto si caratterizza anche dal desiderio di uscire dalla relazione, mentre qualcuno ci impedisce di farlo proprio perché ciò implicherebbe la perdita del vantaggio che ha ottenuto o desidera ottenere. Si pensi ad esempio alle relazioni intime in cui si è eroso il legame affettivo ma non possono essere interrotte per non perdere alcuni vantaggi, come l'immagine sociale che afferma. Oppure a quelle in cui un partner *"persuade"* l'altro a mantenere una relazione sofferente poiché maggiormente vantaggiosa rispetto alla sofferenza generata dalla sua interruzione.

Proprio all'interno delle relazioni intime si rintracciano i più significativi esempi delle modalità comunicative complesse, che si manifestano sia nel caso la relazione imbocchi itinerari positivi, sia nel caso contrario. Nei nostri interventi formativi e divulgativi, oltreché nella pratica clinica (che prevede spesso passaggi di natura psico-educativa), sollecitiamo gli utenti a riflettere sul *"gioco del silenzio"*, il modo in cui loro stessi lo applicano o lo subiscono. Quando è possibile utilizzare modalità che implicano lazzo e ironia, ci riferiamo alla circostanza in cui fra i partner si origina una escalation di conflitto all'interno di una discussione, ad esempio chi deve portare la spazzatura al cassonetto esterno. È possibile che in questa discussione entrino dinamiche del "detto e non detto" come: «*ieri l'ho fatto io, oggi tocca a te*», «*sì, ma io ho lavato i piatti*», e poi – se dal dialogo si genera discussione e da discussione conflitto: «*mi dà fastidio che le cose faticose tocchino sempre a me*» oppure «*me l'aveva detto tua madre che sei una scansafatiche!*».

Stiamo, com'è evidente, un po' scherzando un po' esagerando, ma non rendendo comunque irrealistica la situazione, in maniera forse dissimile ma ben presente nelle verbalizzazioni di una terapia di coppia.

Tornando al nostro caso, è altrettanto evidente che una passeggiata verso il centro di raccolta della spazzatura non giustifica l'interruzione della relazione e i due interlocutori, nell'impossibilità di risolvere la questione e temendo contemporaneamente le conseguenze di un conflitto aperto, lo sospendono. Iniziano pertanto questo *gioco* in cui ciascuno ignora l'altro, negando la comunicazione e di conseguenza la relazione. Ci si incrocia nelle stanze fingendo di non vedersi, ci si scambia solo qualche parola che non può essere evitata («*dove sono le chiavi della macchina?*») nella speranza che l'altro ceda. Come ogni gioco, infatti, anche questo prevede un vincitore e uno sconfitto e ciascuno contempla la posta disponibile.

Ma cosa significa questo silenzio? Si può configurare come non-comunicazione? Quale scopo ha, visto che – evidentemente – la spazzatura è solo l'antefatto di una criticità relazionale?

In realtà, come avvertiva Paul Watzlawick, che con altri studiosi della Scuola di Palo Alto ha inaugurato il filone della Pragmatica della comunicazione umana, «*non si può non comunicare*». Ciascuna azione è contemporaneamente un atto comunicativo. Anche ciò che può negarlo, pertanto – come il silenzio – è un tentativo di persuasione dell'altro, per quanto non manifesto nelle parole, ma ben radicato nei significati.

Negare la comunicazione significa negare la relazione, non riconoscere l'altro. È come dirgli: «*non ti riconosco, tu per me non sei importante, non esisti*». Nelle nostre dimostrazioni invitiamo gli astanti, una volta rientrati, a risolvere in questo modo un banale conflitto e valutarne l'effetto. Subito dopo li invitiamo ovviamente a non farlo, le conseguenze sarebbero probabilmente una disputa aperta, proprio ciò che il silenzio riesce a contenere.

Anche il silenzio, pertanto, ciò che potrebbe apparire come l'antitesi della comunicazione, è un fatto relazionale e veicola significati profondi. In esso convergono parole dette e non dette, sentimenti ed emozioni, dinamiche individuali e sociali e l'obiettivo di ottenere qualcosa per sé senza compromettere la relazione con l'altro, condizioni che sono alla base della comunicazione persuasiva, o *assertiva* (di cui ci occuperemo successivamente). Tutto ciò le parole, anche se ottimamente confezionate, difficilmente possono ottenere.

Eric Berne, nel suo celebre e corposo libro *Games People Play*, ha divulgato come nelle relazioni complesse noi attuiamo modalità altrettanto complesse, talvolta mimetizzate in altre forme (come, appunto, un gioco apparente), la cui comprensione è alla base del modello terapeutico dell'*Analisi transazionale*. Nelle transazioni (marito e moglie, gli amici, il capo con i collaboratori...) ciascuno esprime in modi espliciti o impliciti in che ruolo intende posizionarsi, ed è disposto a lottare per farlo, rispetto a uno o più individui, che possono costituire un gruppo organizzato o no. E per ottenere ciò è necessario *persuadere* l'altro che – nel momento in cui avrà ottenuto tutto ciò – anche il suo interlocutore ne trarrà un vantaggio. In caso contrario l'operazione non riuscirà e da ciò si genererà inevitabilmente un conflitto, se l'azione verrà comunque mantenuta in modo non efficace.

Ma, tornando al nostro gioco, come si concluderà? Quali sono le modalità che ne rivelano, infine, lo scopo implicito, oltre quello di non far precipitare il legame?

Qualcuno, prima o poi, cederà all'altro, in un modo o nell'altro: «*parlami, dimmi qualcosa!*» Magari, le parole faticosamente pronunciate perché inframezzate da un singhiozzo e dalle stesse labbra su cui cola una lacrimuccia. E chi è che riesce a rimanere insofferente davanti al suo amato (più facilmente amata) così sofferente? E così si rivelerà finalmente l'inganno: «*ma no cara, porto fuori io la spazzatura, non vale la pena litigare per questo*».

Dribblando lo stile sardonico, avvertiamo sin d'ora i nostri lettori di sesso maschile che l'altro genere dispone – affinate per necessità evolutive – di abilità comunicative e persuasive innate ben superiori e pertanto maggiori possibilità di concludere il gioco da vincitore. Del resto, la scena ipotizzata non sarebbe compatibile con i ruoli stereotipati che la cultura latino-mediterranea assegna a ciascun genere, se a cedere fosse l'uomo al posto della donna. Ma, nella sua relativa ingenuità sociale e comunicativa (almeno rispetto al genere femminile) all'uomo che si compiace di aver convinto la contendente a cedere in questo gioco nel momento in cui si era rivelato eccessivamente fastidioso, sfugge che in realtà ha creato inconsapevolmente una regola, dato che da oggi gli risulterà più difficile sottrarsi al compito ingrato di evacuare la spazzatura dalle mura domestiche.

In altre parole, come nel caso sia necessario impegnarsi in qualunque gioco conoscendone le regole e le abilità di cui dispongono i contendenti, è necessario fare altrettanto se si desiderano ottenere risultati efficaci nel contesto comunicativo e relazionale.

Perché (talvolta) è difficile comunicare?

Come abbiamo anticipato, le competenze comunicative sono un fattore innato, di cui dispongono già i neonati, su cui si installano abilità sempre più raffinate sulla base delle esperienze. Tuttavia, quando il mondo relazionale diventa estremamente complesso (come nel caso delle intense relazioni sociali nel contesto lavorativo o familiare) tali abilità possono risultare insufficienti e in caso di criticità utilizziamo stereotipi di risposta che possono rivelarsi inadeguati.

Ci sorprendiamo come talvolta facciamo fatica a comunicare fra di noi ma non ne comprendiamo il motivo o diamo spiegazioni ingenue che tendono più spesso a giustificare o assolvere noi stessi. In realtà, alla base delle difficoltà di condivisione e comprensione risiede la necessità di rendere comprensibile e prevedibile il mondo, compreso quello relazionale, ricercando criteri oggettivi o fornendo di oggettivitàa criteri che, in realtà, non lo sono affatto.

E sulla base di questo giudichiamo gli altri. Immaginate cosa accade quando, in realtà, non siamo motivati a conoscere il mondo degli altri, così come accade in un contesto lavorativo che per definizione è condizionato da costrittività, in qualche misura percezione di iniquità economica, sbilanciamento di autorità sociale e, soprattutto, le relazioni non sono spontanee ma imposte da qualcun altro.

Qualche anno fa, il termine di un percorso formativo dedicato a 11 operatrici coincideva il compleanno di chi stende queste note. Si era oramai creato un clima amicale e non mancò la proposta di festeggiare i due eventi contemporaneamente con un piccolo rinfresco. Le nostre discenti si proposero per confezionare una torta. La cosa si prospettava interessante.
L'incontro successivo si materializzarono sul tavolo, solitamente occupato da PC portatile e proiettore, numerose ottime torte, che dividemmo in allegria. Ma non potei fare a meno di notare che mancava la mia torta prediletta (la classica torta di mele che più volte mi aveva preparato una cara amica di famiglia durante l'infanzia), semplicemente per il fatto che nessuno aveva ritenuto importante chiedermi, nonostante fossi il festeggiato, cosa avrei gradito. Tutte le ottime torte erano il risultato dei gusti di chi le aveva prodotte, non di chi le avrebbe gustate.

La cosa ci fece riflettere: anche quando desideriamo assecondare il mondo e la visione del nostro interlocutore, in realtà lo interpretiamo secondo il nostro, proprio per il fatto che questo è più disponibile, padroneggiato e pertanto prevedibile. In altre parole, le persone generalmente nel contesto relazionale sono più interessate a proteggere il loro mondo piuttosto che assecondare quello degli altri. Ciò porta inevitabilmente alla polarizzazione delle opinioni che si manifesta anche nei comportamenti e con la conseguente difficoltà di anticipare i rischi che sono intrinseci nella pratica professionale.
Contrariamente a ciò che pensiamo, dunque, durante un normale dialogo, ma soprattutto durante una discussione e ancor più nel corso di un conflitto, le visioni degli interlocutori non sono mai perfettamente

coincidenti. Esistono sicuramente aree di sovrapposizione, che vanno coltivate e mantenute se non ampliate, ma le due aree sono destinate a non coincidere mai.

A dimostrazione che le parole non sono in grado di far convergere le due aree di valutazione, basti ricordare la situazione che ciascuno di noi ha vissuto (come protagonista o come spettatore) in cui due persone discutono e devono ammettere: *«stiamo dicendo le stesse cose, ma nonostante questo non ci capiamo»*.

Ciò che si condivide non sono le parole, ma i significati e questi dipendono dalle visioni, all'interno delle quali le parole sono interpretate. E come le visioni, anche le parole – anche se i codici sono gli stessi – possono essere distanti. Gli antefatti che condizionano i comportamenti comunicativi possono impattare sulla salute delle persone come conseguenza di criticità create proprio dalle difficoltà di condivisione delle visioni (interpretazioni, obiettivi, valutazioni degli esiti...) fra gli attori sociali e fra differenti linee gerarchiche.

L'esempio successivo (anche in questo caso reale, se non fosse per i nomi dei protagonisti) lo dimostra piuttosto fedelmente. Si tratta del resoconto di una situazione reale che si è creata in una struttura sanitaria in cui abbiamo prestato la nostra opera professionale qualche anno fa che, avrebbe potuto avere conseguenze ben più severe, a causa di ciò che potremmo banalmente definire "un incomprensione", nonostante la buona fede dei protagonisti.

Un piano di lavoro riporta che il paziente Luca, essendo relativamente autonomo, deve recarsi nel reparto X per prendere la terapia.

L'operatore Paolo consegna il farmaco a Luca, ma il giorno dopo viene pesantemente rimproverato dal suo superiore Valentina: Luca è scoperto dalla terapia. Paolo non capisce e si giustifica: «ho dato il farmaco a Luca come era riportato nel piano di lavoro!».

Valentina, quando ha scritto «prendere», intendeva «assumere» il farmaco... Paolo aveva inteso che il suo compito era esclusivamente consegnare il farmaco a Luca.

Nella nostra esperienza professionale abbiamo osservato come mano a mano che le categorie gerarchiche si allontanano dal livello operativo, aumenta il livello di astrazione. Mentre chi agisce ruoli meramente operativi adotta una visione pragmatica legata all'operatività manuale, il coordinatore, il responsabile di reparto o dell'ufficio e così via, tendono a valutare la situazione in maniera più astratta. In questo caso i confini di interpretazione sono molteplici e permeabili e finiscono per contrapporsi o non sovrapporsi.

Astrazione

Pragmatismo

Diamo per scontato che quando comunichiamo gli altri condividano pienamente i nostri significati, le nostre opinioni, i nostri messaggi; in realtà quando comunichiamo inviamo segnali impliciti che informano l'altro non solo come siamo noi, ma come vediamo chi ci sta di fronte e come vorremmo ci vedesse lui, ottenendo dagli altri segnali coerenti con i nostri messaggi. Nel contesto di cura, gli effetti possono essere differenti e talvolta paradossali:

Se tratto una persona come un bambino, non in grado di provvedere a sé, otterrò la risposta di un bambino.
Un effetto tratto dal modello dell'Analisi Transazionale di Eric Berne.

Se una persona non si fida di me e si irrigidisce, probabilmente il non gli ho comunicato di essere in grado di accogliere la sua richiesta di fiducia.
L'empatia è un'attivazione affettiva diadica, bidirezionale. Otterrò dall'altro ciò che io stesso concedo a lui.

Se una persona si rivolge a me in modo aggressivo, si aspetta una risposta altrettanto aggressiva e reagendo allo stesso modo non otterrò altro che confermare le sue aspettative, rinforzandole...
Talvolta diamo spiegazioni basate sui segnali più evidenti, ma le cause possono essere tuttavia differenti rispetto alle nostre ipotesi. L'aggressività è l'espressione della paura. Se una persona si sente minacciata (la minaccia può essere anche simbolica) può reagire aggredendo a sua volta.
Quasi mai ci soffermiamo sui motivi che originano i comportamenti, oppure assolviamo noi stessi e incolpiamo l'altro, ma così perdiamo di vista il potere della comunicazione. L'aggressività genera aggressività, assertività genera assertività. Non vi è motivo, infatti, che una persona ne aggredisca un'altra se non teme di perdere qualcosa, come ad esempio la sua immagine sociale (si usa dire infatti «*perdere la faccia*»). Fargli percepire che non costituiamo una minaccia, utilizzando tecniche comunicative efficaci, ci consente di aggirare le sue difese e di ottenere a nostra volta i vantaggi dalla relazione.
Non abbiamo la certezza assoluta che l'assertività generi in ogni condizione il suo potere persuasivo. Abbiamo però la certezza che in mancanza di essa non solo non otterremo alcun vantaggio dalla relazione.

I FONDAMENTI TEORICI DELLA COMUNICAZIONE

In queste pagine abbiamo citato alcuni autorevoli studiosi, che si sono occupati di comunicazione, non sempre interessati allo specifico dominio e alle dinamiche informazionali, ma spesso alle conseguenze che i paradigmi dei codici e dei significati nelle differenti discipline da cui provengono.

Claud Shannon, infatti, spesso definito "il padre della teoria dell'informazione, in realtà non era interessato affatto alla componente relazionale, ma ad indagare sfere più ampie della conoscenza umana, aprendo nuove frontiere, che si intersecano con la termodinamica, la teoria quantistica e, più attualmente, con l'intelligenza artificiale. Il filosofo Jean-Jacques Rousseau, che fu anche pedagogista e musicista, si occupò di comunicazione in questi ambiti e ovviamente all'interno della sua ampia e dibattuta visione politica e sociale.

Si potrebbe affermare che i fenomeni comunicativi sono interpretati sin da prima esistesse la comunicazione stessa, almeno così come la conosciamo oggi. Ma hanno sempre affascinato gli uomini, che l'hanno osservata da punti di vista differenti e talvolta previlegiati, perché ne hanno compreso l'enorme potenziale nelle dinamiche umane, mediche, sociali, politiche...

Non vi è spazio, né è lo scopo di questo tomo, proporre una pur minima sintesi di una letteratura sconfinata, che oltretutto è in continua evoluzione e più volte deve ammettere i propri limiti di comprensione, proprio per la complessità dei fenomeni in osservazione e per il fatto che risulta effettivamente difficile la conversione di campi talvolta molto differenti. Ma riteniamo utile, anche se con il rischio di riproporre ciò che altri si ritrovano a fare con ripetitiva consuetudine, alcune delle regole fondamentali della comunicazione, le basi stesse dei fenomeni che la sovraintendono e da cui discendono.

Cercando di concordare obiettivi di esaustività e contemporaneamente di sintesi, proponiamo in questa breve sezioni due dei paradigmi che sono universalmente riconosciuti come i fondamenti teorici dei fenomeni comunicativi, con lo scopo di ottimizzare la comprensione degli strumenti che poi provvederemo ad illustrare.

Come anticipato, infatti, per quanto gli obiettivi di questa nostra commissione siano prevalentemente di tipo manualistico, non desideriamo ridurne i contenuti ad una semplice esposizione di regolette che – in mancanza di una visione più ampia – rischierebbero di essere utilizzate in maniera acritica e generalizzata, rivelandosi in molti casi inefficaci, senza essere in grado di comprenderne il motivo. Molti dei partecipanti ai nostri corsi, infatti, dichiarano di aver già approcciato la materia ma, per quanto abbiano ritenuto interessanti e coinvolgenti i contenuti, li hanno poi abbandonati ritenendoli non facilmente manipolabili.

A quello che potremmo banalmente ricondurre al *bias* cognitivo noto come *"errore di generalizzazione"* (l'estensione di una regola che ha funzionato in un contesto in un altro, giudicato simile, ma che presenta in realtà difformità che rendono inefficace la regola) si associano inoltre altre difficoltà che il nostro lettore deve prepararsi a superare, che consistono nella naturale resistenza a modificare regole apprese, che per quanto imperfette appaiono più rassicuranti rispetto a qualunque novità, per definizione associata a incertezza.

I 5 assiomi della comunicazione di Paul Watzlawick

Abbiamo già avuto occasione di citare Paul Watzlawick e il gruppo di ricerca del Mental Research Institute di Palo Alto, in California, che si sono concentrati sulle dinamiche pragmatiche (cioè quello che possiamo osservare ogni momento attorno e dentro noi stessi) della comunicazione. Se qualcuno gli chiedeva: «*come comunichi?*» la sua risposta era «*con ogni comportamento*».

I suoi studi di oltre 50 anni hanno tutt'ora un'influenza enorme in tutti i contesti in cui è implicato l'uomo, compresa – ad esempio – la psicopatologia, generata talvolta da vere e proprie *trappole comunicative*, che influenzano le relazioni con conosciuti e sconosciuti, descrivendo un'evoluzione positiva o negativa dell'esperienza di vita. E, come accennato, la comunicazione costituisce proprio la strategia curativa più efficace.

La teoria in esame ha prodotto 5 "assiomi", inteso come caratteristiche sempre presenti nella comunicazione umana, che ne costituiscono di conseguenza le regole su cui si fonda e la cui conoscenza risulta pertanto fondamentali per chi vuole padroneggiarla e renderla efficace.

Ci limitiamo ad una descrizione sintetica ed una altrettanto sintetica spiegazione invitando i nostri lettori insoddisfatti di tale condensato ad accedere all'appendice in cui abbiamo inserito alcuni riferimenti per chi desiderasse approfondire gli argomenti citati.

#1 assioma: non si può non comunicare.

Qualunque comportamento comunica qualcosa e, visto che è impossibile avere un non-comportamento, la non-comunicazione è altrettanto impossibile. Qualunque cosa facciamo o diciamo, o qualunque cosa non facciamo o diciamo (come abbiamo già avuto modo di discutere), qualunque scelta, come un comportamento di consumo, comunica agli altri come ci vediamo e come vogliamo che gli altri ci vedano, oltre a come vediamo gli altri.

Nella pratica clinica, per guadagnare la fiducia del paziente, talvolta, individuata la categoria di personalità a cui afferisce, lo stupiamo indovinando il tipo di vettura che guida, di quella precedente e persino il colore e rarissimamente ci sbagliamo. Una personalità controllante, che tende a ridurre la variabilità dell'ambiente su di esso, tenderà ad esempio a fidelizzarsi a brand ritenuti affidabili (immagine che meritatamente o meno è generalmente associata a marchi tedeschi) e scegliere colori non appariscenti (bianco, nero o tonalità del grigio).

#2 assioma: all'interno di ogni comunicazione vanno distinti due livelli:

1) il livello del *contenuto*: si riferisce a cosa stai comunicando
2) il livello della *relazione*, dice che tipo di relazione vogliamo instaurare con il nostro interlocutore.

    Per fare un esempio molto semplice ma pratico, la frase "porta fuori la spazzatura" esprime un contenuto (la richiesta esplicita), il tono, che potrebbe essere pacato o aggressivo, stabilisce due tipi di relazioni diverse.

#3 assioma: il modo di interpretare una comunicazione dipende da come viene punteggiata (o ordinata) la sequenza delle comunicazioni.

Per esempio, la madre rimprovera il figlio che si rinchiude in se stesso, il figlio potrebbe obiettare che si chiude in se stesso perché la madre lo rimprovera.

La "punteggiatura" corrisponde alle regole con cui i significati si legano fra di essi, come il turno di parola, lo spazio che viene concesso al parlante, la successione dei turni. A seconda della punteggiatura cambia il significato dato alle comunicazioni e alla relazione.

#4 assioma: differenzia due tipi di comunicazione, quella A) analogica e quella B) numerica/digitale).

La prima si basa sulla somiglianza (analogia) tra la comunicazione e l'oggetto della comunicazione: rientrano in essa tutte le forme di comunicazione non verbale e l'uso di immagini (ad esempio, se abbasso gli occhi mentre parlo probabilmente comunico che sono a disagio con l'interlocutore).

La seconda riguarda l'uso delle parole, e in generale di segni convenzionali organizzati da una sintassi logica, cioè di segni usati arbitrariamente per designare qualcosa: la parola che definisce un oggetto qualsiasi non ha nessuna relazione con l'oggetto (salvo rare eccezioni), ma è il codice convenzionale che ciascuno utilizza per riferirsi all'oggetto e che entra nel vocabolario di una lingua.

#5 assioma: tutte le interazioni tra comunicanti possono essere di due tipi, A) quelle *simmetriche* o B) quelle *complementari*.

La prima definisce le relazioni in cui gli attori sono sullo stesso piano, non vi è prevalenza o subordinazione da parte di qualcuno (come nel caso di colleghi che operano nella stessa linea gerarchica). Nel secondo caso avviene la condizione opposta, vale a dire uno o più interlocutori prevalgono sugli altri, in funzione del ruolo gerarchico o di regole istituzionali o spontanee, che stabiliscono tale differenza.

Non sempre tali regole sono esplicitate e formalizzate, ma per essere efficaci devono essere riconosciute e accettate.

I 5 assiomi della comunicazione stabiliscono le modalità imprescindibili perché questa risulta efficace e spiega i motivi per cui talvolta non lo è. Per esempio – in riferimento al #assioma, i due livelli possono differire nonostante quello che arriva agli orecchi di chi produce e chi riceve la comunicazione non si differenzi affatto. Il significato è prodotto da ciascuno secondo la sua visione, associandola a condizioni come le esperienze e le aspettative sulla comunicazione e la relazione. Poiché tali elementi sono differenti da persona a persona, ogni significato è inevitabilmente differente, nonostante chi emette il messaggio si aspetti in larga misura che corrisponda a quello che lui stesso ha confezionato.

Non intendiamo dire che i significati non possano essere condivisi totalmente, ma considerare che lo siano sempre conduce sistematicamente a incomprensioni.

Le "massime conversazionali" di Paul Grice

Un altro filone di conoscenze fondamentali nella definizione dei fenomeni comunicativi è quello che sono il frutto degli studi e delle riflessioni del filosofo inglese Paul Grice.

Abbiamo scelto di riportarli poiché individuano un ulteriore aspetto prioritario e imprescindibile della *comunicazione efficace*, in mancanza del quale non si può ritenere tale, vale a dire tutti i meccanismi che in qualche modo riportano al principio della reciprocità.

Questo non appartiene esclusivamente alla comunicazione, ma a tutti i fenomeni sociali. La società è basata sulla cooperazione, e quando tale principio va in crisi la società stessa va in crisi. La cooperazione è un legame intrapsichico fra loro gli individui che consente loro di ottenere vantaggi che al singolo individuo sarebbero preclusi. La storia sociale si è modificata proprio sulla base di come vengono mediati vantaggi individuali e collettivi (dalle società meccaniche tradizionali caratterizzate da similarità nei ruoli, a quelle organiche iper-produttive definite da divisione del lavoro, nell'accezione di Émile Durkheim). Questo passaggio dalle aggregazioni tribali a quelle moderne, costituite arbitrariamente, è magistralmente sintetizzato dal sociologo Ferdinand Tönnies nel suo celebre epitaffio: «*mentre nelle comunità gli individui restano sostanzialmente unite nonostante i fattori che li separano, nella società restano essenzialmente separati nonostante i fattori che li uniscono*».

La comunicazione è il mediatore del legame cooperativo, è lo strumento con cui si definiscono i vantaggi reciproci, attraverso le regole che la società produce, ma anche le sanzioni con cui viene stigmatizzato chi non asseconda tali regole, punito tramite confisca economica (es. multa) o di libertà, che sono i due fondamenti stessi della comunità, in cui gli individui si associano per motivi economici ma non vogliono rinunciare per questo alla loro sovranità individuale.

La mancanza del principio di collaborazione nell'atto comunicativo ne sancisce pertanto la totale inefficacia perché viola (attraverso le *implicazioni conversazionali* nel linguaggio di Grice) lo scopo stesso dello stare insieme – la distribuzione di vantaggi – senza il quale la comunicazione stessa non avrebbe avuto motivo di essere creata.

Per consentirvi di monitorare il contesto comunicativo e produrre comunicazioni che possano essere adeguatamente comprese da qualunque categoria di interlocutori, in particolare in contesti critici in cui la comunicazione presenta determinati ostacoli (ad esempio in una fase avanzata del conflitto, con persone anziane o con compromesse abilità sensoriali e cognitive, che non condividono totalmente i codici linguistici ecc. ...), possiamo adottare e adeguare ai nostri scopi il noto modello di Grice che si presta ottimamente per questi obiettivi ma soprattutto per definire le basi della *comunicazione efficace*.

Precisiamo che – nell'interpretazione più utile ai nostri obiettivi – per *modello* intendiamo un riferimento, inteso come insieme di regole generali ma estremamente individuabili, da cui trarre regole più specifiche e coerenti con il contesto in cui ci troviamo ad operare. Una sorta di scatola che contiene contemporaneamente sia la spiegazione che la soluzione.

Il modello di Grice è pertanto basato sui due assiomi già enunciati:

A) il "*principio di cooperazione*": rende efficace il contesto comunicativo, poiché gli interlocutori percepiscono i vantaggi reciproci e rinunciano a perseguire vantaggi personali

B) le "*implicature conversazionali*": violazioni del principio di cooperazione che rendono sbilanciata la relazione e fanno fallire gli obiettivi comunicativi

Nella loro semplicità (quasi al limite della ovvietà) i due principi inviolabili ci informano che una relazione efficace deve essere basata su rapporti di forza paritetici (in termini di condivisione di vantaggi) e che se questo non avviene la relazione è destinata a fallire, con conseguente fallimento del tentativo di raggiungere la soddisfazione dei bisogni che sono intrinseci nella relazione.

Le regole della comunicazione efficace ("*massime conversazionali*" nella terminologia di Grice) sono discipline trasversali che consentono di rendere efficace la comunicazione in tutti i contesti relazionali e risultano altrettanto semplici nel loro utilizzo:

Le vediamo di seguito:

A) massima di quantità
B) massima di qualità
C) massima di relazione
D) massima di modo

Vediamo di conoscerle anche utilizzando degli esempi pratici:

A) Massima di QUANTITÀ: *fornisci l'informazione necessaria, né di più, né di meno.*

Il contributo alla conversazione deve essere informativo rispetto a quanto richiesto, non ci si aspetta che un parlante dia un'informazione sovrabbondante, o che dica troppo poco.

Esempio:

«Devo contattare il cliente, oggi pomeriggio?»

«Devi fare XXX e poi YYY, ma stamattina fai anche ZZZ e domani forse farai ancora XXX...»

B) Massima di QUALITÀ: *sii sincero, fornisci informazione veritiera, secondo quanto sai.*

Non si dovrebbe dire ciò che si ritiene falso, o ciò di cui non si hanno prove sufficienti, o lo scopo della comunicazione fallirebbe.

Riguardo all'aspetto della *sincerità*, va notato che il concetto va ben oltre ad una banale regola di educazione civica. Risulta infatti molto complicato – se non impossibile – convincere qualcuno di cui noi stessi non siamo convinti. Di conseguenza, utilizzare nella nostra conversazione assiomi o fornire informazioni che non riteniamo veritiere finisce inevitabilmente per rendere inefficace la comunicazione.

Esempio:

«Quando posso avere quel XXX che vi avevo chiesto?»

«Tutti sanno che XXX non serve a niente»

C) Massima di RELAZIONE: *sii pertinente, fornisci contenuti pertinenti e contestualizzati.*

Il contributo di un messaggio dovrebbe essere pertinente con lo scopo della conversazione.

Esempio:

«Cosa devo fare se l'ascensore si blocca o non funziona bene?»
«Anche l'ultimo responsabile della manutenzione si è dimesso ieri, qui nessuno ci dice niente o ci aiuta»

D) Massima di MODO (MODALITÀ): *sii chiaro, evita oscurità di espressione e ambiguità, sii breve, procedi in modo ordinato.*

L'enunciato dovrebbe essere chiaro, poco ambiguo, breve e ordinato.

Questa massima – discostandosi in qualche modo da quelle precedenti - non si riferisce a quanto detto, bensì al modo (la forma) in cui vengono esposti il messaggi. Non si riferisce pertanto ai contenuti ma alla modalità con cui questi vengono confezionati e veicolati.

Esempio:

«Mi aiuti a far funzionare il televisore? Sta per iniziare il film e gli ospiti sono già in sala...»
«Spegni e riavvia il decoder!»

Dalle situazioni proposte risulta come l'errata (volontaria o meno) interpretazione dei bisogni relazionali di chi emette il messaggio comporti la violazione del principio di cooperazione.

Nel caso A) la richiesta dell'interlocutore di avere conferma di un compito è stata rimaneggiata per anticipare le possibili lamentele dovute ai numerosi impegni lavorativi, lamentela che però non è stata espressa. In altri termini, chi ha emesso il messaggio ha formulato una precisa domanda, chi l'ha ricevuto ha risposto, ma ad un'altra domanda.

Nel messaggio sono pertanto fornite informazioni non richieste rispetto all'obiettivo contenuto nel primo messaggio.

La regola di quantità limita questa eventualità, poiché impedisce che vengano fornite informazioni aggiuntive o – al contrario – non sufficienti.

Nel caso B), l'obiettivo del messaggio è avere indicazioni rispetto alla tempistica in cui verrà fornito un servizio che è stato richiesto. Il ricevente, il quale – possiamo ipotizzare – si ritiene in difetto, rimbalza nuovamente il messaggio fornendo a sua volta informazioni che non sono riferite all'obiettivo della richiesta, probabilmente per evitare di eseguire un compito che non ritiene o non desidera fare, giustificandolo con il fatto che XXX non funziona. Ma nessuno ha chiesto se XXX funziona o meno.

Facciamo notare che nella risposta è contenuta una parte di testo fortemente anassertiva: «tutti sanno» viene emesso con lo scopo di essere interpretato come: *«se tu hai un'opinione diversa, devi accettare di essere diverso dagli altri»*. Questa modalità viene spesso utilizzata nel tentativo di ottenere una sorta "scacco matto" in una disputa su un'opinione contrapposta: *«questa è una cosa che tutte le persone intelligenti sanno»* → "se tu non sei d'accordo dimostri che non sei intelligente"; *«questo è un lavoro che potrebbe fare anche uno appena uscito dal corso»* e così via.

Nel caso C) è evidente come la risposta non sia affatto pertinente con la richiesta iniziale che fa riferimento alla procedura da adottare in caso di malfunzionamento dell'ascensore. La risposta si installa su un piano completamente differente, vale a dire la situazione di difficoltà dovuta all'assenza di un responsabile della manutenzione o di un tecnico che verifichi gli impianti. Una situazione che chi ha emesso il messaggio iniziale probabilmente condivide, ma che non era oggetto della comunicazione.

L'ultima condizione (D) prevede, come anticipato, la valutazione non tanto dei contenuti quanto delle modalità con cui vengono espressi. Nell'esempio, la richiesta di aiuto – in questo caso espressa in maniera evidente – viene completamente trascurata.

Si noterà che le implicazioni sono molteplici, poiché altre regole vengono disattese. Ma il principio di cooperazione viene violato per il fatto che l'interlocutore rifiuta l'intervento richiesto, proponendo un intervento che probabilmente è già stato tentato. In questo caso è ovvio che il messaggio verrebbe recepito come qualcosa di simile a «*arrangiati*» o «*non ho tempo da perdere*», comunque in antitesi della cooperazione.

Abbiamo fornito degli esempi di situazioni un po' enfatizzate che simulano delle circostanze basate sull'interazione fra attori differenti per facilitare la comprensione. Vi proponiamo, se volete verificare la comprensione delle nostre spiegazioni e affinare le vostre abilità, una semplice esercitazione in cui chiediamo di rispondere in modalità assertiva utilizzando il modello di Grice..

☑ Esercitazione 1 – Le implicature conversazionali

Per facilitarvi nel vostro compito, premettendo che le situazioni proposte di seguito sono state osservate nella realtà, vi proponiamo la risposta non assertiva che è stata effettivamente emessa.

1 – Una persona in attesa alla reception: «*Qnando arriva il dott. XX?*»
Risposta anassertiva: «*Il dott. XXX è in riunione adesso*»
Risposta assertiva: ____

2 – Un paziente nella sala d'attesa di uno studio medico: «*Mia moglie arriverà tardi, può passare anche fuori dall'orario di visita?*»
Risposta anassertiva: «*Non sono io che decido, ma qualche volta fanno passare i parenti. Dipende chi c'è alla segreteria, ma comunque non sono io che decido. Prova a chiedere alla caposala*»
Risposta assertiva: ____

3 – Un cliente nel supermercato: «*Non riesco a trovare il sale...*»
Risposta anassertiva: «*Chieda alla mia collega del reparto*»
Risposta assertiva: ____

4 – Un parente anziano: «*Non voglio fare la camminata, sono stanco oggi*»
Risposta anassertiva: «*La devi fare, sai che te l'ha detto il dottore. E poi se non cammini dopo quando viene tua figlia a trovarti si arrabbia!*»
Risposta assertiva: ____

5 – Un bambino alla mamma: «*Mi accompagni con l'ascensore?*»
Risposta anassertiva: «*Non è la prima volta che lo prendi da solo, ormai hai capito come si fa*»
Risposta assertiva: ____

Se avete provato ad eseguire questa esercitazione, producendo delle risposte assertive al posto di quelle che evidentemente non lo sono, avrete probabilmente osservato che per arrivare a questo risultato sia necessario valutare, all'atto della richiesta, se l'oggetto della comunicazione sia nell'asserzione esplicitata o se in realtà si installi ad un livello più implicito.

Un messaggio come: « *Mi accompagni con l'ascensore?*» può celare non tanto la paura di sbagliare a schiacciare il bottone giusto, ma quella di essere da solo in uno spazio angusto, sollecitando magari un'esperienza precedente, che la madre non coglie, rinforzando di fatto le sue paure, con il rischio che si installi una risposta fobica.

LO STRUMENTO DELLA COMUNICAZIONE ASSERTIVA

I termini *assertività* e *persuasione* in qualche modo coincidono. Ma, per maggior precisione, potremmo definire l'assertività come "lo strumento della persuasione". Se la persuasione (che, come abbiamo anticipato, possiamo interpretare come la capacità di modificare valutazioni e comportamenti delle persone facendo in modo che queste le considerino come una libera scelta) è basata su meccanismi automatici prodotti dalle esperienze filogenetiche, quelle di chi ci ha preceduto durante la nostra lunga evoluzione, l'assertività è la tecnica che per utilizzare tali meccanismi. È pertanto uno strumento di cui ciascuno, indipendentemente dal suo ruolo professionale, dovrebbe disporre nella sua personale "cassetta degli attrezzi". Non è certo necessario diventi l'unico strumento di lavoro, ma è preferibile avere una cassetta ricca di attrezzi, per evitare la circostanza contenuta nella nota metafora del martello e del chiodo del già citato Abraham Maslow.

Nei nostri incontri formativi preferiamo, in alternativa ad una noiosa proiezione di slides per addentrarci nel concetto di "assertività", superare le definizioni e concedere ad ogni partecipante di valutare quanto lui stesso è assertivo e comprendere pertanto le caratteristiche del costrutto.

Potete eseguire voi stessi questo test, rispondendo alle domande di questo reattivo (che abbiamo semplificato da uno strumento di derivazione clinica). Avvertiamo che, proprio perché è stato modificato nella sua struttura per adattarlo ai nostri scopi, perde in parte la sua affidabilità, ma mantiene l'utilità di fornire delle indicazioni, per quanto grossolane.

Lo scopo del test non è quello di fornire un giudizio sulle abilità comunicative di ciascuno ma di valutare se – all'interno dello stile relazionale – è compresa questa dotazione o se tale stile tende preferibilmente verso altre modalità.

Per conoscere il risultato, al termine del test sono riportate le istruzioni per eseguire lo scoring.

Quanto sei assertivo?

Per ognuna delle affermazioni presentate, indichi se essa descrive esattamente o meno un aspetto del suo comportamento.
Scelga la sua risposta ad ogni affermazione tra le cinque possibilità seguenti con una crocetta nello spazio corrispondente: per nulla, un poco, abbastanza, molto, moltissimo.

	PER NULLA	UN POCO	ABBASTANZA	MOLTO	MOLTISSIMO	Score ▽
1. La maggior parte delle persone con cui ho a che fare sembra essere più aggressiva o più sicura di me.	☐	☐	☐	☐	☐	* ____
2. Ho avuto delle perplessità a chiedere o ad accettare aiuto da parte dei colleghi per la mia "timidezza".	☐	☐	☐	☐	☐	* ____
3. Se vedo fare un lavoro in maniera non soddisfacente, mi lamento con il mio collega o con la persona con cui o a che fare.	☐	☐	☐	☐	☐	____
4. Sono attento nel cercare di evitare di ferire i sentimenti delle altre persone, anche quando sento di essere stato offeso.	☐	☐	☐	☐	☐	* ____
5. Se un collega mi propone un modo di operare, ma non sono d'accordo, ho difficoltà a dire "no grazie", e preferisco adeguarmi.	☐	☐	☐	☐	☐	* ____

6. Quando mi viene chiesto di fare qualcosa, io insisto nel sapere il perché devo farlo oppure perché devo farlo in quel modo. □ □ □ □ □ ______

7. A volte sono io che cerco una buona e vivace discussione quando penso che le persone non facciano o non dicano cose corrette. □ □ □ □ □ ______

8. Io tendo a farmi avanti come la maggior parte delle persone nella mia condizione personale e professionale. □ □ □ □ □ ______

9. Penso che comportarmi onestamente spesso avvantaggia gli altri nei miei confronti. □ □ □ □ □ *______

10. Mi piace dare il via alla conversazione con persone appena conosciute o con estranei. □ □ □ □ □ ______

11. Spesso non so cosa dire quando mi trovo con persone più preparate o carismatiche che incontro nell'ambito lavorativo. □ □ □ □ □ *______

12. Esito se c'è da prendere contatto telefonico con aziende commerciali o con Istituzioni. □ □ □ □ □ *______

13. Se dovessi chiedere un posto di lavoro preferirei farlo scrivendo delle lettere piuttosto che sostenendo un colloquio diretto. □ □ □ □ □ *______

14. Potrei cambiare nel negozio il regalo dei miei colleghi, ma lo tengo anche se non mi va bene, trovo imbarazzante restituire la merce. □ □ □ □ □ *______

15. Se il mio collega mi sta annoiando con i suoi discorsi, preferisco far finta di essere interessato. □ □ □ □ □ *______

16. Partecipando alle attività formative esito o evito di fare delle domande per paura di sbagliare o sembrare stupido. □ □ □ □ □ *______

17. Durante una discussione, a volte ho paura di agitarmi tanto da cominciare a tremare tutto.

☐ ☐ ☐ ☐ ☐   *_____

18. Se un conferenziere o un formatore fa un'affermazione che penso sia sbagliata, non esito a farglielo notare di fronte alla platea.

☐ ☐ ☐ ☐ ☐   _____

19. Quando mi viene proposto qualcosa e giudico eccessivo il prezzo, evito di discuterne.

☐ ☐ ☐ ☐ ☐   *_____

20. Se ho fatto qualcosa di importante e degno di attenzione, faccio in modo che gli altri lo vengano a sapere.

☐ ☐ ☐ ☐ ☐   _____

21. Chiunque tenti di passarmi avanti, ad esempio per ottenere qualcosa di più dal mio superiore, poi avrà a che fare con me.

☐ ☐ ☐ ☐ ☐   _____

22. Ci sono delle volte in cui non riesco proprio a dire niente, anche se vorrei farlo.

☐ ☐ ☐ ☐ ☐   *_____

23. Sono aperto e franco e non ho difficoltà ad esprimere i miei sentimenti ai colleghi e le persone con cui ho a che fare.

☐ ☐ ☐ ☐ ☐   _____

24. Se qualcuno sta diffondendo falsità e malignità sul mio conto, faccio in modo di incontrarlo subito per affrontare il fatto.

☐ ☐ ☐ ☐ ☐   _____

25. Spesso ho difficoltà nel dire no agli altri, anche quando vorrei farlo o penso sia giusto farlo.

☐ ☐ ☐ ☐ ☐   *_____

26. Se una persona si sta comportando male con me tendo a tenermi dentro tutto piuttosto che fare scenate.

☐ ☐ ☐ ☐ ☐   *_____

27. Esprimo delle lamentele per un servizio scadente nel bar o nel ristorante dove ho invitato il mio collega.

☐ ☐ ☐ ☐ ☐   _____

28. Quando qualcuno mi fa un complimento, qualche volta, per l'imbarazzo, non so che dire.   ☐ ☐ ☐ ☐ ☐   *_____

29. Se delle persone, durante un corso o una conferenza, parlano a voce alta, chiedo loro di smettere o continuare altrove la conversazione.   ☐ ☐ ☐ ☐ ☐   _____

30. Faccio presto a esprimere un'opinione.   ☐ ☐ ☐ ☐ ☐   _____

TOT. PUNTEGGIO [   ]

Come calcolare il punteggio

Per le risposte contrassegnate con * segni lato 0 se ha risposto PER NULLA, 1 se ha risposto POCO, 2 se ABBASTANZA, 3 se MOLTO, 4 se MOLTISSIMO.

Per tutte le altre risposte segni a lato 4 se ha risposto PER NULLA, 3 se ha risposto POCO, 2 se ABBASTANZA, 1 se MOLTO, 0 se MOLTISSIMO.

Poi sommi i vari punteggi e riporti il risultato nella casella del totale.

Una volta completato il test ed eseguito lo scoring, è possibile verificare il risultato:

> Punteggi oltre 68: stile di comunicazione prevalentemente
> PASSIVO
>
> Punteggi compresi fra 40 e 67: stile di comunicazione prevalentemente
> ASSERTIVO
>
> Punteggi minore di 39: stile di comunicazione prevalentemente
> AGGRESSIVO

È possibile che qualcuno, valutando il risultato, per i motivi riportati sopra non si riconosca totalmente nel punteggio. Generalmente, la categoria (*assertivo*, *passivo* o *aggressivo*) comunque è piuttosto affidabile.

L'esecuzione del test ed il risultato ci consentono di comprendere la struttura del costrutto dell'assertività e contemporaneamente il nostro stile in relazione all'efficacia della comunicazione.

L'assertività è, dal punto di vista teorico, una modalità comunicativa che si installa idealmente a metà strada fra uno stile *aggressivo* e uno *passivo*, pertanto fra i bisogni individuali e quelli sociali.

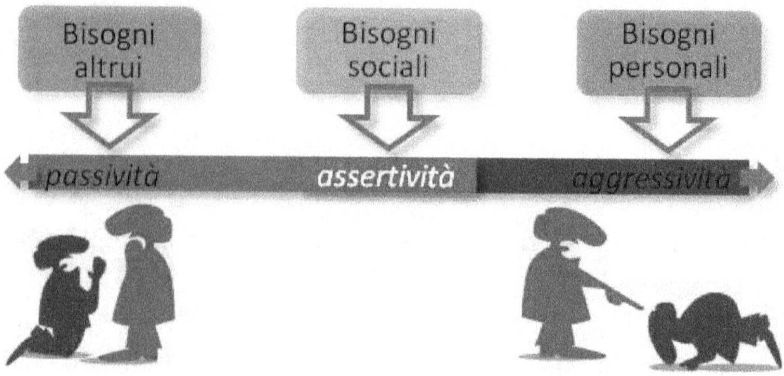

L'aggressività può consentire di ottenere cambiamenti comportamentali (e in effetti viene sovente utilizzata in ambito organizzativo contando sulle contrapposizioni gerarchiche) ma non corrisponde alla *persuasione*, poiché chi la subisce non la percepisce ovviamente come una libera scelta. Un'imposizione (come un atto normativo o autoritario) necessita anche di un controllore e questi non sempre è disponibile nelle complesse gerarchie formali e informali di un'organizzazione o istituzione. Le persone, pertanto, non sono motivate al cambiamento se non percepiscono l'azione censoria del controllore (come nel caso delle sistematiche violazioni del Codice della Strada, a cui ci atteniamo solo nel caso temiamo di essere sanzionati).

L'utilizzo dell'aggressività, come nel caso in cui un collaboratore si opponga in maniera anassertiva alla richiesta di un superiore, può provocare pericolose modifiche nella relazione che perdurano oltre la situazione in cui originano, per il fatto che i vantaggi reciproci sono annullati a favore esclusivo, o fortemente sbilanciati a favore di qualcuno.

Lo stile passivo, che molto spesso viene adottato in queste situazioni da chi subisce l'autorità, in qualunque ambito sociale non è più produttivo della situazione opposta, poiché il rischio è quello di creare una regola relazionale che poi è molto difficile modificare ulteriormente.

Se, ad esempio, l'organizzazione di lavoro chiede ad un collaboratore di eseguire un compito che non gli compete (un turno che spetterebbe a qualcun altro o di prolungare l'orario di lavoro) si rivolge più facilmente a chi in occasioni precedenti aveva accettato, anche se controvoglia, e non certo a chi aveva rifiutato. Lo stesso collaboratore, che poi desidera uscire da questa sorta di "gabbia", se decide di opporsi ad una successiva richiesta, rischia di essere stigmatizzato come persona poco disponibile e che non asseconda le difficoltà dell'ente in cui collabora.

Siamo molto più attenti a cogliere le modificazioni dei comportamenti, piuttosto che le invarianze. Nel nostro ambiente evolutivo, infatti, un cambiamento segnala più spesso un pericolo.

Al di fuori delle definizioni e dei tecnicismi, possiamo considerare la comunicazione assertiva quella modalità comunicativa in cui tutti gli attori percepiscono un vantaggio e non desiderano uscire dalla relazione. La storia scientifica (vale a dire la produzione di teorie che sono state validate con metodi empirici) coincide in qualche modo con la conoscenza della *comunicazione persuasiva*, che ha origine proprio nell'ambito clinico. Per quanto le conoscenze siano state approfondite per strade che hanno finito per coincidere, l'interesse è iniziato dagli studi delle tecniche terpeutiche dello psichiatra Milton Erickson, che è considerato il più importante terapeuta della sua epoca e inventore, tra l'altro, delle metodologie di "terapia-breve". Erickson è deceduto nel 1980 ed ha vissuto ed operato in una fase in cui la psico-farmacologia non era dotata degli attuali strumenti e tutte le sue abilità curative si erigevano sulla capacità di persuadere le persone a modificare una visione disadattiva o comportamenti disturbanti, superando le naturali resistenze che i pazienti oppongono, spaventati dal cambiamento. La persuasione è pertanto uno strumento estremamente potente, così come l'assertività che è in qualche modo l'insieme delle tecniche della persuasione.

Nonostante l'affermazione della tecnologia farmacologica rispetto all'utilizzo della relazione terapeutica, gli stessi terapeuti sono concordi nel riconoscere che la persuasione è uno strumento ben più efficace del composto chimico (il cosiddetto *effetto placebo*, contrapposto all'*effetto nocebo*). Nel momento in cui il paziente ritiene di potersi affidare al terapeuta riconoscendone competenza e autorevolezza (due basi della strutture di alcuni strumenti persuasivi) accetta la tesi del medico che infonde la certezza della guarigione e modifica la sua *agenda* modificando le sue aspettative e finendo per confermarle, impegnandosi nella cura.

Se, al contrario, la relazione è conflittuale e non è basata sulla fiducia, il paziente può confermare aspettative contrarie, svincolandosi parzialmente dall'effetto del farmaco.

Il professionista, per persuadere il suo paziente ad impegnarsi nel processo prognostico, dovrà necessariamente utilizzare modalità di comunicazione assertiva per creare quel clima di fiducia e reciprocità in mancanza della quale il paziente potrebbe abbandonare la relazione o distaccarsene.

Essere assertivi significa essere efficaci, ottenere ciò che si desidera e rifiutare ciò che non si desidera, cementare relazioni vantaggiose e modificare quelle che non lo sono, migliorare il proprio benessere personale e quello delle persone con cui ci interfacciamo.

Anticipando i dubbi che sicuramente pervaderanno le vostre riflessioni nel momento in cui inizieremo a proporre delle esercitazioni, la comunicazione assertiva non è affatto la comunicazione di chi – magari sentendosi aggredito – assume una posizione di sudditanza o di accettazione rispetto ai suoi interlocutori.

Al contrario, la comunicazione assertiva è la "comunicazione dei forti".

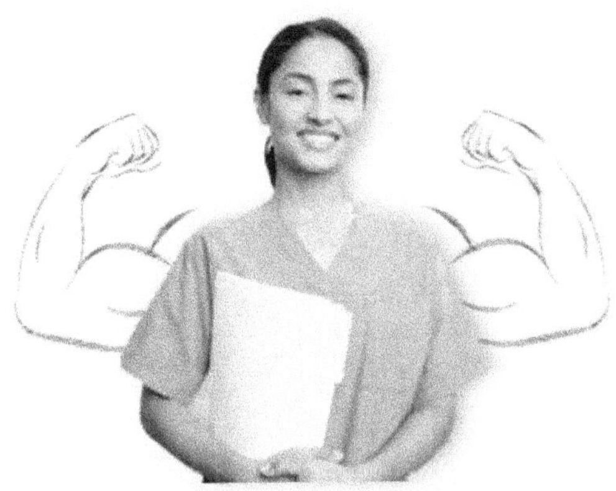

Così come ci vuole molta forza per rimanere impassibili di fronte ad un pugile che attacca durante un combattimento, è necessario talvolta far percepire all'interlocutore la nostra volontà di non aggredirlo per evitare che questi adotti strategie di difesa o di attacco.

Utilizziamo spesso la metafora della noble-art per spiegare ai nostri discenti il funzionamento dell'assertività, pur consapevoli che non tutti gli interlocutori apprezzano e hanno approfondito e la faticosa conoscenza di questa disciplina, solo apparentemente violenta e sanguinosa. Una ripresa di un incontro - per quanto duri pochi minuti – è quanto di più gravoso un fisico anche preparato possa affrontare e la disputa non può minimamente essere assimilata ad una rissa, poiché uno sforzo di questo tipo non potrebbe essere mantenuto a lungo.

L'abilità dell'atleta consiste nel costringere l'avversario, con tattiche e finte, ad "abbassare la guardia" e scoprire pertanto dei punti del corpo che possono essere colpiti al fine del punteggio. Il pugile aggredito può restare impassibile e parare i colpi e in questo modo l'aggressore non otterrà alcun punteggio utile ai fini dell'incontro e finirà per esaurire le sue energie ed essere pertanto aggredibile.

La comunicazione assertiva funziona in modo simile. Se il nostro avversario si difende non avremo mai ragione di lui. Se pensa di non essere aggredito abbasserà la guardia e potrà essere facilmente battuto.

Naturalmente, al di fuori del ring, il nostro obiettivo non è abbattere l'avversario, ma fare in modo che entrambi i contendenti risultino vincitori.

Per comprendere meglio il concetto, vi proponiamo – in versione rivisitata per i nostri scopi – il *modello win-win* (io vinco – tu vinci).

La comunicazione assertiva funziona così (io vinco – tu vinci):

Non funziona così (io vinco – voi perdete):

Neanche così (noi vinciamo – tu perdi):

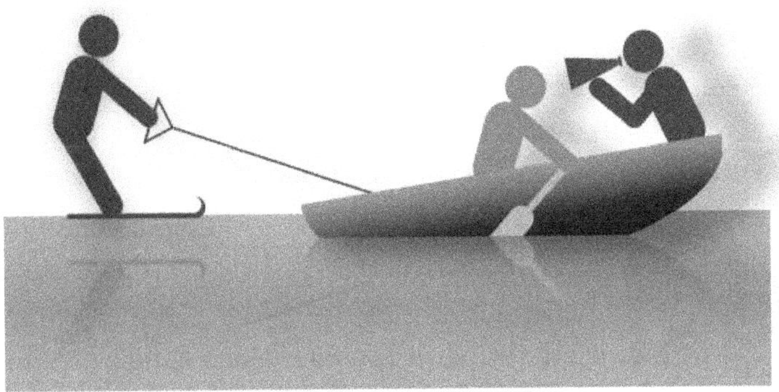

Perché finisce sempre così (tu perdi – io perdo):

La metafora win-win, che costituisce un valido modello didattico nelle organizzazioni sociali, si riferisce alla distribuzione dei vantaggi nella relazione. Se uno o più interlocutori non percepiscono l'equità della distribuzione dei vantaggi o lo sbilanciamento dell'impegno per ottenere uguali benefici, la relazione si interrompe.

Anche nella situazione 1, che può apparire contraria al principio, i vantaggi sono reciproci: nelle congregazioni sociali (dal contesto professionale a quello familiare) la divisione per scale gerarchiche è infatti funzionale ai processi di lavoro e prevede pertanto la divisione in *decisori* ed *esecutori*. Una categoria non potrebbe prescindere dall'altra ed i vantaggi di tutti verrebbero annullati.

Tuttavia, spesso le relazioni risultano sbilanciate. La percezione di iniquità crea condizioni di forte stress: la mancanza di equità si manifesta attraverso una gerarchia non condivisa, la percezione che l'esito (ad esempio nel contesto professionale) non corrisponde al livello di impegno o di responsabilità, o che altri attori non offrano lo stesso impegno pur percependo lo stesso corrispettivo economico. Sono condizioni che, pur in misura differente, ciascuno di noi ha sicuramente sperimentato.

Se lo sbilanciamento percepito supera la *"finestra di tolleranza"* che ciascuno di noi fissa in base alle proprie aspettative, ciò crea inizialmente insoddisfazione, poi conflitti e infine l'interruzione, talvolta traumatica, della relazione, compresa quella intima.

L'evoluzione è caratterizzata da eventi che possono creare situazioni critiche (come le "incomprensioni") che contribuiscono a modificare gli eventi in senso negativo. L'assertività, pertanto, è lo strumento più efficace per gestire le relazioni di qualunque natura ed è un vero e proprio strumento di lavoro, ma anche da utilizzare al di fuori di esso.

Per concludere questa parte introduttiva e teorica, possiamo esplorare i campi relazionali in cui l'assertività può risultare efficace e può essere utilizzata come strumento di lavoro nei differenti contesti professionali:

L'assertività consente di dire di «SI»
Può apparire facile dire di sì, ma non sempre lo è. Talvolta ci sentiamo costretti ad assecondare una richiesta, ma non desideriamo affatto farlo. Potremmo sicuramente dire di sì se ciò comporta dei vantaggi anche per noi e non solo per chi esprime la richiesta.

L'assertività consente di dire di «NO»

Per i motivi opposti, come sopra. Talvolta desideriamo dire di no e lo facciamo rinunciando però ai vantaggi di una relazione (come quella con il nostro capufficio) e ciò aprirebbe scenari non positivi. Possiamo, in alternativa, opporci alla richiesta facendo percepire a chi la esprime che comunque ne otterrà un vantaggio.

Consente di «CRITICARE»

Nella nostra cultura, associamo la *critica* ad un'aggressione o una valutazione sul piano personale, anche quando è espressa senza questi scoppi. Molte persone rinunciano ad esprimere critiche temendo la reazione dell'interlocutore. La conseguenza è che le persone continuano a ripetere gli stessi errori: ad esempio le organizzazioni non affrontano o risolvono i loro problemi e non progrediscono, talvolta rinunciando ad opportunità anche economiche.

Consente di «NEGOZIARE»

Se entrambi gli interlocutori desiderano ottenere vantaggi reciproci dalla relazione, tali vantaggi devono essere necessariamente negoziati. In mancanza di negoziazione, ciascuno spingerà il proprio limite sempre più in là, invadendo lo spazio dei vantaggi di qualcun altro, fino a quando questi – non percependo la soddisfazione di bisogni individuali e sociali – abbandonerà la relazione vanificando i vantaggi che possono essere ottenuti solo in forma cooperativistica.

Consente di «CAMBIARE»

La conseguenza dell'accettazione e della negoziazione delle visioni è il cambiamento. Molte persone, gruppi e organizzazioni sono bloccate nel cambiamento, poiché prevalgono timori e resistenze, per quanto la situazione attuale venga valutata non positiva e se ne richieda (talvolta espressamente) la modifica. Ciò comporta il progressivo deterioramento del contesto relazionale, che si mantiene a livelli accettabili solo per il fatto che chi lo ritiene inadeguato esce e viene sostituito da altri membri del gruppo, inizialmente più tolleranti agli alti livelli di stress.

Se una persona desidera proporre una metodologia che ritiene più efficace e teme che in caso di insuccesso verrà stigmatizzata o aggredita verbalmente, rinuncerà a farlo.
La percezione del supporto sociale è fondamentale in ogni gruppo, poiché consente la libertà comunicativa e ciò aumenta il livello di benessere percepito; lo strumento più efficace per creare relazioni ottimali è – come anticipato – l'assertività.

Un'ultima doverosa precisazione, prima di trasferirci nella parte pratica di questo manuale, riguarda l'avvertimento che l'assertività è sicuramente uno strumento efficace ma non è affatto uno stile di vita. Talvolta le relazioni devono essere interrotte e ciò si verifica proprio in tutte quelle occasioni in cui i vantaggi sono eccessivamente sbilanciati a favore di qualcuno e non è possibile rimediarvi. Sigmud Freud stesso invitava ad interrompere una qualunque relazione che provoca costrizione e sofferenza, tenuta insieme dalle convenzioni, dalle convinzioni o dalla paura stessa della sofferenza che provocherà l'interruzione, che solo successivamente apparirà come percepita eccessivamente o non realistica.

Non è necessario frequentare un corso di comunicazione o studiare dei libri per imparare a "mandare a quel paese" le persone, così sarebbe superfluo produrre dei manuali per insegnare a farlo. Lo facciamo spesso e quasi sempre ne ricaviamo un senso di liberazione.

Ma non sono meno numerosi i casi in cui vorremmo solidificare la relazione ma non siamo in grado di farlo e temiamo di perderne i vantaggi.

In questo caso l'assertività è lo strumento sicuramente più efficace.

☑ Esercitazione 2 – Riconoscere l'assertività

L'esercitazione che proponiamo prevede il giudizio sulla comunicazione che trovate fra le virgolette, estrapolata da un contesto reale.

1 - Un collega di lavoro ci chiede di aiutarlo; questo comporta per noi una deviazione molto lunga dal programma e siamo già in ritardo...
«...Va bene, ma facciamo presto che sono già in ritardo e non ho tempo da perdere!».

Come giudica la risposta? ☐ passiva ☐ assertiva ☐ aggressiva

Se qualcuno di voi l'ha giudicata aggressiva, indotto a farlo dalla punteggiatura e dalla parte della frase *«... non ho tempo da perdere!»*, è caduto in errore. Se può consolarlo è in buona compagnia, poiché durante gli incontri formativi la maggior parte dei partecipanti commette la stessa imprecisione.

L'effetto dell'atto comunicativo è nel contenuto, non in aspetti esteriori come le parole o la punteggiatura. Esattamente (abbiamo già utilizzato questa metafora) come quando riceviamo un regalo: siamo sicuramente attratti dalla carta per confezionarlo e da un bel fiocco rosso, ma il giudizio e il valore affettivo del regalo è determinato da ciò che è contenuto nel pacco, non dal pacco stesso.

Nel caso dell'esempio, chi pronuncia la frase si può esprimere in maniera aggressiva ma l'effetto è opposto, cioè quello di assumere una posizione di sudditanza. Infatti, accetta la richiesta del suo interlocutore.

Inoltre, la modalità aggressiva può deteriorare la relazione e ciò può pregiudicare reciproci vantaggi futuri.

Ciò ci consente di individuare due pilastri irrinunciabili della comunicazione assertiva, già del resto anticipati:

1) il *vantaggio* (reciproco, come non agire un'azione che non si desidera agire, ottenere dall'altro un'azione che si desidera ottenere)

2) la *relazione* (che non deve essere modificata in senso peggiorativo a causa della comunicazione)

In mancanza di una di queste componenti, non siamo nell'ambito della comunicazione assertiva, ma di qualcos'altro.

2 - Abbiamo una gran fretta perché dobbiamo eseguire un lavoro utilizzando l'unico PC disponibile in ufficio e chiediamo al nostro collega di sospendere il suo compito e attendere.
«Ernesto, scusami tanto, lo so che sei impegnato, ma devi proprio lasciarmi fare! Non sai che fretta ho...».

Come giudica la risposta? ☐ passiva ☐ assertiva ☐ aggressiva

Si tratta evidentemente di una comunicazione aggressiva. Chi effettua la richiesta in questa modalità dimostra di non comprendere le esigenze dell'altro e di essere ripiegato sulle proprie. Chiede all'interlocutore di comprendere le sue, ma non si preoccupa di fare altrettanto.
Otterrà probabilmente un "effetto paradosso", ciò l'effetto opposto che verrà espresso con un rifiuto più o meno veemente e, probabilmente, con un'inclinazione negativa nella relazione fra i due operatori.

Questa condizione ci ricorda una situazione sperimentale che abbiamo incontrato sui libri di psicologia sociale. Tutte le conoscenze su cui ci basiamo sono infatti confermate da rigorose sperimentazioni che, come in questo caso, sono spesso realizzate in condizione "ecologica", vale a dire in un contesto più possibilmente reale (in alternativa ad altre modalità come le osservazione degli animali da laboratorio).

Ad un gruppo di studenti universitari (le "vittime" predilette dei ricercatori) veniva chiesto un compito ingrato, cioè effettuare un gran numero di fotocopie. Poco dopo, un complice dello sperimentatore si avvicinava al "soggetto sperimentale" (per utilizzare la terminologia della ricerca) con un cospicuo numero di fogli in mano e, esprimendosi in differenti modi, cercava di ottenere il posto alla fotocopiatrice.

La percentuale di risposte negative e positive fornisce la misura del valore della persuasione contenuta nella comunicazione. Nel caso dell'esempio, la forma di richiesta espressa in questi termini ottiene una delle percentuali più basse di adesione alla richiesta.

3 - Ci siamo dedicati a un lavoro per noi importante e ci telefona il Ernesto, in crisi (per l'ennesima volta) con il suo collega di lavoro...

«...Ciao Ernesto, mi dispiace che sei ancora in difficoltà; siccome ho promesso che davo una mano in amministrazione per i turni di lavoro, cosa ne dici se domani con calma ti offro un caffè e ne parliamo?».

Come giudica la risposta? ☐ passiva ☐ assertiva ☐ aggressiva

Sperando che le vostre conoscenze siano già sufficienti per esprimere la risposta corretta, vi confermiamo che siamo al cospetto di una comunicazione assertiva. Potremmo aggiungere che, in questo caso, possiamo parlare di una composizione che presenta tutti gli elementi dell'assertività, che analizziamo nel dettaglio.

A) *«...mi dispiace che sei ancora in difficoltà...»*: la frase esprime comprensione e disponibilità ad accogliere l'altro. Ciò ha l'effetto di aprire il canale empatico che è diadico, cioè si dirige da e verso entrambi gli interlocutori. La *"teoria della mente"*, di cui disponiamo sin dalla nascita, ci informa dell'effetto reciproco della comunicazione e sappiamo che se ci dimostriamo comprensivi anche il nostro interlocutore lo sarà e si aprirà alla disponibilità ad accogliere una proposta di negoziazione.

Ovviamente, non è sufficiente pronunciare la frase; talvolta, nell'eloquio, introduciamo meccanicamente dei termini che possono richiamare un atteggiamento positivo ma non sono confermati da uno stato d'animo corrispondente. La dissonanza fra comunicazione verbale e non verbale (che rivela l'atteggiamento nei confronti dell'oggetto sociale) crea *reattanza* e la percezione che la relazione è ambigua, non facilmente prevedibile e non funzionale.

B) «...siccome ho promesso *che davo una mano in amministrazione per i turni di lavoro...*»: è una spiegazione plausibile e condividibile del motivo per cui l'emittente oppone un rifiuto al ricevente.
Sin dai tempi della scuola ci hanno insegnato a dire «no» alla maestra motivando il nostro rifiuto. Il semplice no può esprimere solo opposizione. Un «no» motivato (e la motivazione deve essere ovviamente reale e condividibile) può essere più facilmente accettato in un contesto di reciprocità.

C) «...*cosa ne dici se domani con calma...(?)*»: questa parte è la componente persuasiva della comunicazione. Infatti, il comunicatore - esprimendo l'asserzione sotto forma di richiesta - aggira le difese dell'interlocutore poiché questi giudica che la responsabilità della scelta sia nella sua disponibilità e non si tratti di un'imposizione. Ma non è così, poiché si trova a valutare in effetti un'unica opzione (quella fornita dall'emittente) disponibile in un ambito di reciprocità che è stato efficacemente creato in precedenza; infatti, il ricevete percepisce che se esprimesse a sua volta una negazione («*No! Domani non mi va bene, voglio incontrarti oggi*»), ciò introdurrebbe pesanti criticità nella relazione e non otterrebbe quanto richiede.

In questo esempio, il comunicatore introduce inoltre un elemento che può essere utile all'accettazione della tesi (non ci vediamo oggi poiché non lo desidero, ci vediamo domani): «*ci vediamo con calma...*». L'effetto percepito è qualcosa di simile a: «*se ci incontriamo oggi non ho molto tempo da dedicarti, mentre domani potrò essere molto più disponibile per te*». Un abile comunicatore sarebbe in grado di modificare comunicazione para-verbale (come la velocità dell'eloquio più rilassata in concomitanza di queste parole) ed atteggiamento generale per enfatizzare il significato.

D) «*...ti offro un caffè e ne parliamo?*»: ovviamente vi sconsigliamo di gestire tutte le vostre contese relazionali davanti a un caffè per non incorrere in possibili problemi coronarici. Il caffè, in questo caso, potrebbe essere associato agli "interessi" sui vantaggi rimandati o a una sorta di "indennità" offerta all'interlocutore per il fatto di dover rinunciare in parte al vantaggio che desiderava ottenere (i tempi dell'esaudimento della richiesta). In questo caso, l'indennità non corrisponde ad una dose di caffeina, ma dalla maggior disponibilità e il clima positivo che si può creare in una situazione come quella proposta, che possono alleviare lo stress di vedersi negata la richiesta.

Molti studiosi della comunicazione ritengono (ma non ci sentiamo di condividere questa opinione) che la comunicazione possa essere ridotta ad una sorta di assemblaggio di elementi, così come la struttura di una composizione musicale o una formula matematica. Senza dover cadere in tale banalizzazione, possiamo però produrre una funzione che esprime la relazione fra gli elementi citati sopra:

$$A = f\,E, S, P, I$$

Dove: f = funzione, A = Assertività, E = Empatia, S = Spiegazione, P = Persuasione, I = Interessi/Indennità

Una rappresentazione più "elegante" (visto che abbiamo adottato la terminologia dei ricercatori) può essere la seguente:

$$A = f\,E, P$$

Per "persuasione" intendiamo la tecnica persuasiva (che vedremo successivamente), o la struttura dell'effetto persuasivo, poiché la stessa assertività è contenuta nella persuasione e l'empatia - a sua volta - è la persuasione. Ma, volendo utilizzare codici matematici pur con le perplessità espresse sopra, possiamo considerare questa funzione la rappresentazione più utile per i nostri scopi. Sostituendo i fattori, infatti, otterremo l'effetto desiderato. Introducendo anche gli elementi della prima funzione - se disponibili - potremmo essere maggiormente efficaci.
Se è necessario rinfrescare le vostre reminiscenze scolastiche, le funzioni esprimono la relazione di due fattori indipendenti fra di loro. Nella realtà, ovviamente, le cose vanno in maniera differente dalla formalizzazione matematica: risulta difficile manipolare efficacemente la tecnica persuasiva in assenza di un efficace canale empatico, percepito come reciprocità e condivisione di vantaggi.

Vi proponiamo un ultimo esempio prima di passare ad una nuova sessione di esercizi.

4– Chiediamo consiglio ad un collega più esperto che ci dice «va bene così», ma è evidente che si vuole liberare in fretta di noi...
«Guarda Ernesto, apprezzo i tuoi consigli ma mi sembra che hai poco tempo da dedicarmi. Preferisci che aspetti? Oppure torno più tardi così sei tranquillo?».

Come giudica la risposta? ☐ passiva ☐ assertiva ☐ aggressiva

Crediamo che a questo punto le vostre competenze siano già sufficienti per riconoscere una comunicazione nell'ambito dell'assertività. Il nostro amico Ernesto è evidentemente impegnato in un compito che non intende interrompere e la nostra intrusione potrebbe essere giudicata inopportuna ed ottenere un rifiuto. Con questa modalità possiamo conquistare l'attenzione di Ernesto, proponendogli un nuovo appuntamento e facendo in modo che lui stesso indichi il momento più opportuno.
Otterremo pertanto ciò che desideriamo senza deteriorare la relazione professionale e personale con il nostro interlocutore.

☑ Esercitazione 3 – Le regole dell'assertività

Come abbiamo premesso, riteniamo poco utile replicare le regole della comunicazione in maniera acritica. I modelli di risposta di cui disponiamo (di pensiero, di valutazione, di giudizio, di comportamento...) sono creati in contesti specifici e non sempre si adattano a situazioni che possono apparire simili, ma in realtà variano anche in maniera significativa.
Nella maggior parte delle occasioni in cui ci troviamo in difficoltà con i nostri interlocutori, ciò è dovuto proprio al fatto che cerchiamo di replicare modelli che hanno funzionato in un contesto ma si rivelano inefficaci in un altro. In questo caso ci troviamo disorientati e incapaci di produrre nuovi strumenti.
In questa esercitazione vi proponiamo alcuni scambi comunicativi, di tipo anassertivo e di tipo assertivo, dai quali vi chiediamo di ricavare le regole che le sottendono. Disponendo delle regole, risulterà più agevole comporre strumenti di comunicazione adeguati ai differenti contesti.

Vi rammentiamo, per questo motivo, che è importante non considerare gli esempi come regole, ma indicazioni da cui ricavare le regole.

Come già preannunciato, gli esempi che seguono sono ricavati da contesti reali, per quanto – non avendoli vissuti direttamente – possano apparire irreali. La stringa di comunicazione da noi proposta ha lo scopo di identificare la regola e non quella di costituire la regola stessa. Per una miglior efficacia dell'esercitazione, vi chiediamo di non leggere immediatamente la risposta che potete trovare al termine della tabella ma cercare di identificare voi stessi la regola che sottende l'efficacia del messaggio assertivo.

Ricordiamo che:

- Messaggio anassertivo: viene percepito come una minaccia e solitamente non sortisce l'effetto sperato. Talvolta provoca l'effetto opposto ("*paradosso*") o quello meno desiderato.

- Messaggio assertivo: consente di inviare all'altro il messaggio senza censure o giudizi, facendogli percepire il vantaggio reciproco della relazione e del cambiamento di atteggiamento.

	Messaggio anassertivo	Messaggio assertivo	Regola
1.	*«Stai dicendo cose senza senso! Ma capisci quello che dici?»*	*«Probabilmente sono io che non riesco a seguirti, puoi spiegami meglio quello che vuoi dire?»*	?
2.	*«Non hai capito niente di quello che ti hanno spiegato nel corso di formazione!»*	*«Poiché ho fatto questa operazione altre volte, forse posso aiutarti se mi aiuti a capire cosa ti hanno spiegato...»*	?

3.	*«Ma se non sai neanche che cosa mi hai detto un attimo fa!»*	*«Mi sembra di aver capito una cosa diversa prima. Spiegami meglio qual è la tua opinione così possiamo discuterne»*	?
4.	*«Questa è una cosa che ogni professionista con un minimo di intelligenza dovrebbe sapere!»*	*«Se hai idee diverse ho piacere di parlarne con te, ma questa cosa non possiamo metterla in discussione»*	?
5.	*«Stai stravolgendo, e lo fai sempre, il senso delle mie parole!»*	*«Ho spesso la sensazione, con te, di non riuscire a spiegarmi come vorrei...»*	?
6.	*«Metti sempre i puntini sulle "i"; è impossibile ragionare con te!»*	*«Mi piacerebbe ogni tanto poter proporre qualcosa di mio senza paura di essere contraddetto...»*	?

Le regole sottese:

1 - *Spostare il problema su di noi, per non far percepire aggressività*

2 - *Aiutare l'altro a mettere in discussione le sue convinzioni*

3 - *Se l'obiettivo è "l'ultima parola": importante è farlo notare senza provocare l'escalation di aggressività*

4 - Non mettere in discussione l'incapacità del nostro interlocutore, fissando comunque dei paletti nella comunicazione

5 - Spostare il problema su di noi, chiedendo al nostro interlocutore di aiutarci ad esprimere ciò che vogliamo

6 - Comunicare al nostro interlocutore le nostre emozioni suscitando empatia ed aiutandolo a riconsiderare le sue credenze

Infine, aggiungiamo un po' di complessità chiedendovi di provare a produrre voi il messaggio assertivo, come alternativa a quello anassertivo:

Messaggio anassertivo	Messaggio assertivo	Regola
7. *«Basta! Con te non si può proprio parlare! Io faccio per conto mio tu fai quello che vuoi»*	?	?

7 - Il desiderio di una relazione sincera genera una reazione positiva: far percepire che la comunicazione non ha scopi indiretti

Se avete avuto difficoltà a produrre un messaggio assertivo, anche utilizzando la regola proposta, vi proponiamo questo esempio:
«Sono veramente dispiaciuto (rattristato) per il fatto che non riusciamo a parlarci. Cosa vuoi che faccia per rimediare a questa situazione?»

È possibile che questo ultimo esempio non vi soddisfi o non vi convinca. È possibile infatti che, immaginando la scena e pensando di esserne i protagonisti, facciate fatica ad accettare che – se ci sentiamo aggrediti – sia conveniente fare un passo indietro piuttosto che utilizzare a nostra volta una modalità aggressiva. Ma ora vi apparirà chiaro cosa intendevamo quando enunciavamo che "l'assertività è la comunicazione delle persone forti", associandola alla metafora del pugile impegnato sul ring.

È necessaria una notevole sicurezza, infatti, per contrastare l'avversario che adotta una modalità aggressiva, ce ne rendiamo conto. Ma una risposta aggressiva non sarà mai produttiva, in alcun caso, senza eccezioni.

"Arretrando", costringeremo il nostro contendente a scoprirsi. Dimostrando sincero dispiacere apriremo il canale empatico e proponendo al nostro interlocutore di identificare lui stesso una soluzione lo metteremo di fronte a due alternative, che risulteranno in ogni caso per noi utili:

1) in caso di rifiuto, dovrà accettare di essere la causa diretta dell'interruzione della relazione, non assecondando la nostra disponibilità

2) in caso di accettazione, otterremo una soluzione che sarà sicuramente migliore della condizione attuale

In quest'ultimo caso, inoltre, il nostro interlocutore, proponendo lui stesso una soluzione – che comporterà inevitabilmente una rinuncia parziale a obiettivi individuali – sarà molto più motivato a modificare i suoi comportamenti, piuttosto che accettare una soluzione proposta da altri.

Non è scontato che la soluzione indicata sia la più favorevole (ciò dipende ovviamente da molteplici fattori legati al contesto e alle persone), ma aprirà tuttavia una possibile mediazione e scongiurerà un possibile conflitto o il blocco della comunicazione, eventualità che possono risultare alquanto distruttive.

Valutando i possibili corsi di azione disponibili, dobbiamo considerare gli svantaggi di un possibile conflitto e le difficoltà di una possibile mediazione da parte di un mediatore esterno. Comunicando in maniera assertiva, non avremo forse la certezza di riuscire ad ottenere maggiori vantaggi ma, rinunciando a farlo, avremo la certezza di subire gli svantaggi della mancata collaborazione.

L'esempio riportato nella pagina successiva rende meglio ragione della questione:

	Messaggio anassertivo	Messaggio assertivo	Regola
8.	*«Ti dico che è così e basta!»*	*«Io sono assolutamente certo di quello che ti dico, ma non ho nessun problema a cambiare opinione se mi spieghi dove ti hanno spiegato questa cosa»*	?

8 – Talvolta le opinioni sono basate su "truismi", cioè verità che non hanno fondamento e che non desideriamo mettere in discussione; aiutiamo l'altro a farlo, senza creare modalità difensive

L'esempio da noi proposto, può apparire una sorta di resa incondizionata, ma non lo è affatto. In ogni caso – nel corso di un conflitto già ad un livello avanzato come in questo caso – il nostro desiderio di "non perdere la faccia" di fronte all'altro o agli altri prevale sugli obiettivi della relazione.

Un messaggio di questo tipo ci consente in ogni caso di uscire "vincitori" dalla disputa che si è creata su una visione evidentemente divergente. La nostra disponibilità ad accogliere le opinioni dell'altro costringe l'interlocutore ad abbassare la sua guardia difensiva e dichiarare – ad esempio – la fonte delle sue conoscenze, che potrebbe apparire ben meno solida delle sue convinzioni, circostanza invero piuttosto frequente.

Pertanto: se le argomentazioni dell'interlocutore appaiono evanescenti, otterremo l'accettazione della nostra visione; se le argomentazioni dell'interlocutore appaiono solide, non avremo "perso la faccia" poiché ci eravamo sinceramente dichiarati disponibili ad accoglierle.

In tutti i casi, dopo questo scambio, è opportuno non manifestare atteggiamenti di rivalsa o di contrarietà come «*hai visto che avevo ragione?*», poiché a questo livello il conflitto è solo congelato ed un evento significativo può riavviarlo verso gradi più elevati.

Nel secondo caso potremmo ringraziare il nostro interlocutore di averci offerto una visione più utile rispetto a quella di cui disponevamo. In entrambi i casi avremo conseguito i due obiettivi della comunicazione assertiva: 1) ottenere una modifica di visione, valutazione o comportamento o non perdere la faccia di fronte all'altro (se questo viene giudicato prioritario); 2) mantenere intatta o – possibilmente – consolidare la relazione con il nostro collega di lavoro.

Le regole dell'assertività

È possibile identificare alcuni principi della comunicazione assertiva, in mancanza dei quali l'effetto della relazione risulta scarsamente efficace, se non opposto alle nostre aspettative.

1. *Componendo il messaggio, bisogna aver chiaro l'obiettivo della comunicazione e della relazione.*

   Quasi sempre, soprattutto nell'ambito professionale, non abbiamo il tempo e spesso la motivazione per fermarci a valutare la situazione e le conseguenze delle nostre e delle azioni altrui. In altri ambiti, come quello familiare, spesso sono routine consolidate che ci bloccano su modalità ripetitive difficile da scalfire. Di conseguenza ci facciamo guidare da valutazioni e risposte automatiche selezionate in base all'attivazione emotiva e strategie di difesa che possono risultare poco produttive. Spesso questa condizione genera l'emergere di un conflitto che finisce per pregiudicare pesantemente la relazione personale e professionale con conseguenze importanti.

Se ci rendiamo conto di essere in una condizione critica, possiamo rivolgerci queste domande: A) *intendo mantenere la relazione positiva o migliorare la relazione con il mio interlocutore? B) desidero che questi modifichi almeno in parte le sue opinioni o i suoi comportamenti anche dovendo a mia volta modificare parzialmente i miei?*

Se in entrambi i casi siamo in grado di fornire una risposta positiva, lo strumento dell'assertività può accorrere in nostro aiuto. In caso contrario possiamo rinunciarvi, accettando tuttavia le inevitabili conseguenze che ne deriveranno.

2. *Perché il messaggio sia efficace il nostro interlocutore deve percepire che noi siamo convinti di ciò che diciamo.*

A meno che non siamo dotati delle abilità di un attore hollywoodiano, ci risulterà comunque difficile esprimere un'opinione o cercare di modificare quella di un interlocutore se noi stessi non siamo persuasi della tesi che esponiamo. Come detto, infatti, le forme di comunicazione non esplicite – che sono solo parzialmente sotto il nostro controllo – prevalgono rispetto alle forme verbali o codificate e in caso di ambiguità chi riceve il messaggio tenderà a fuggire dalla relazione. In tutti i casi, infatti, in cui l'ambiente appare imprevedibile si generano strategie di difesa che possono portare all'abbandono della relazione.

È pertanto fondamentale, se desideriamo essere efficaci e persuasivi, non esprimere opinioni o contenuti di messaggi di cui noi stessi non siamo persuasi, perché questo porterà il nostro interlocutore non solo a non accettare la tesi ma a valutarci come inaffidabili e modificare di conseguenza gli atteggiamenti nei nostri confronti anche in situazioni future.

3. La nostra strategia, se si vuole continuare la relazione, deve essere finalizzata a non creare l'emergere di difese da parte del nostro interlocutore.

I nostri meccanismi intrapsichici sono dotati di efficaci strategie di difesa che si attivano automaticamente in tutti i casi riteniamo la situazione minacciante. Una richiesta espressa in modo impositivo, ad esempio, può andare a minacciare l'immagine intima di chi riceve il messaggio che potrà reagire in modo aggressivo, generando un escalation di aggressività ed un possibile conflitto.

Se l'interlocutore ritiene che i vantaggi della relazione siano sbilanciati o percepisce che è un atto un tentativo di persuasione finalizzato a spostare i vantaggi su qualcun altro, reagirà in modo aggressivo prima di abbandonare la relazione.

Tutto ciò creerà le condizioni per l'avvio all'escalation del conflitto, caratterizzato dalla separazione progressiva dall'oggetto della comunicazione e la focalizzazione su aspetti personali dei contendenti (come vedremo in seguito).

Riguardo a questo ultimo punto, possiamo considerare la relazione che si genera in un contesto di assertività molto simile ad un incontro di box, come già citato. Le difese comunicative sono ovviamente ben altra cosa rispetto a quelle del boxeur, per quanto talvolta – nell'ambito comunicativo - mettiamo in atto delle azioni di evitamento e dissuasione simili al *shuffing*, il passo del pugile che sostiene la guardia e rende difficile all'avversario prevedere le sue mosse, ma allo stesso modo non è possibile avere ragione del nostro interlocutore se questi intende difendersi. Se emette comportamenti difensivi, non potremo mai ottenere un effetto persuasivo (un po' come rimaniamo insensibili alla pubblicità di un prodotto di cui abbiamo già accertato le scarse qualità).

Le nostre strategie devono pertanto essere finalizzate a non far percepire agli altri attori sociali alcuna finalità prevaricatoria, finalizzata ad ottenere dei vantaggi personali a svantaggio di quelli sociali.

Un'altra metafora che può risultare altrettanto utile per comprendere al meglio i meccanismi sottesi all'efficacia dell'assertività è quella del poker. La disputa, in questo caso, e la strategia che i giocatori mettono in campo, è basata come noto sul *bluff*: un giocatore – attraverso atteggiamenti, espressioni, comportamenti e scelte delle opzioni possibili – cerca di ingannare gli avversari convincendoli di avere in mano delle carte che gli consentono di aggiudicarsi la "mano" costringendoli a non rilanciare e cedere la posta in gioco, piuttosto che rischiare una perdita maggiore, senza chiedere di "vedere le carte". Una tattica aggressiva, pertanto, può spaventare gli avversari, che rinunciano ad impegnarsi nella partita consentendo la vittoria agevole di chi la mette in atto.

Talvolta, le persone si comportano proprio così: l'esperienza le ha portate a pensare che aggredendo l'avversario questi rinunci al gioco finalizzato alla distribuzione dei vantaggi, lasciando al suo interlocutore l'intera posta in gioco. Ma le cose vanno ovviamente in maniera differente rispetto ad una partita a carte poiché – soprattutto nell'ambiente professionale – se i vantaggi sono ad appannaggio di una sola persona o di un solo gruppo, chi percepisce di essere escluso o di non ottenere vantaggi sufficienti tenderà a reagire per ristabilire un livello ritenuto congruo di equità, anche in maniera veemente e, se la condizione lo consente, ad abbandonare la relazione.

La responsabilità della relazione

Ancora molto prima dell'emergere di un reale conflitto, se la relazione non è soddisfacente tendiamo a chiederci di chi è la responsabilità e a scaricarla sugli altri. Questa modalità difensiva non è efficace, poiché il nostro interlocutore tenderà ovviamente a fare altrettanto e l'oggetto della relazione (come un obiettivo professionale) non verrà ottenuto o finirà di passare in secondo piano rispetto a obiettivi individuali.

«Non mi ascolti mai quando ti parlo!» implica lo spostamento della responsabilità della difficoltà nella relazione sull'interlocutore che, ovviamente, sentendosi aggredito potrebbe reagire con qualcosa come *«Sei tu che non ti sai spiegare!»*, generando un'escalation basata su reciproche accuse e tentativi di scaricare la responsabilità sull'altro. In questi passaggi – come si nota – non è presente l'oggetto della relazione (ad esempio la modalità per eseguire un compito) con il rischio evidente che la relazione finisca per concentrarsi su aspetti personali e non sugli obiettivi.

Scaricare sugli altri la responsabilità può essere pertanto comodo e auto-protettivo, ma non è efficace, perché non consente di ottenere i risultati che gli interlocutori ritengono di dover ottenere dalla relazione. Al contrario, è strategico aiutare gli altri ad assumersi la propria responsabilità, rafforzando la collaborazione.

Come farlo? Semplicemente non rinunciando ad assumerci la nostra.

In questo caso gli altri attori sociali tenderanno più facilmente a caricarsi il peso di una parte della responsabilità della relazione, che risulterà equamente divisa, poiché non si sentiranno aggrediti o giudicati, e la relazione rimarrà intatta attorno all'oggetto che la definisce.

«Guarda mi dispiace, pensavo di averti spiegato bene ma evidentemente sono stato affrettato», potrebbe generare una risposta come: *«Mi rendo conto che ti ho chiesto aiuto in un momento inopportuno; fammi sapere quando sei libero così vediamo meglio questa cosa»*.

In questo caso entrambi gli interlocutori avranno ottenuto l'obiettivo comune che è un trasferimento di competenze all'interno dell'organizzazione ed uno più individuale, vale a dire potersi dedicare alla relazione in una fase più propizia, senza interruzione di compiti, e ottenere informazioni o spiegazioni di come deve essere effettuato un compito che l'operatore più esperto potrà così affidare al suo collaboratore.

La relazione fra i due attori non subisce brusche variazioni in senso negativo, come nel caso probabile di questo passaggio reale, colto fra i corridoi di una organizzazione di servizi sanitari: «*Voi nuovi pensate di sapere già tutto e non state ad ascoltare*», con l'interlocutore che – in questo caso – non reagisce verbalmente ma dimostra tutta la sua contrarietà in modo non verbale e - girando su sé stesso e riprendendo il suo compito senza modificazioni - sancisce la fine della relazione e il blocco del trasferimento di una competenza importante nella pratica professionale.

Non sempre le cose vanno così, ovviamente. Nell'ultimo scambio riportato è evidente che la relazione è basata su pregiudizio e su precedenti esperienze negative che non è facile rimuovere. Tuttavia, è altrettanto evidente che questo tipo di relazioni – che nella pratica professionale sono purtroppo prevalenti – se consentono un momentaneo spostamento di forze a vantaggio di una difesa personale, nel medio e lungo termine creano insoddisfazione reciproca oltre all'abbandono parziale o totale degli obiettivi professionali.

☑ Esercitazione 4 – Produrre l'assertività

Riteniamo che, a questo punto, siate già in grado di possedere competenze sufficienti per iniziare a produrre voi stessi dei messaggi assertivi. L'esercitazione successiva è predisposta in modo da perfezionare ulteriormente le vostre abilità.

Vi anticipiamo che durante i nostri incontri formativi questa sezione appare talvolta un po' ostica. Nonostante la parte fin qui illustrata sia stata ben compresa, i discenti scoprono come non sia così immediato – in verità – assumere un atteggiamento assertivo e spesso emerge la "fatica cognitiva" di dover elaborare e comporre assiomi che si allontanano con decisione da ciò che i nostri automatismi ci suggerirebbero.

Non di rado, qualcuno si blocca di fronte alla richiesta di eseguire il passaggio da messaggio anassertivo a messaggio assertivo e poi giudica ovvio il nostro suggerimento, a dimostrazione che la difficoltà risiede proprio nell'automatizzare l'atteggiamento assertivo sostituendo quello più spontaneo.

Non neghiamo una certa astrusità che risiede tuttavia non nella complessità della tecnica quanto dall'abitudine – impressa sin dai tempi scolastici – di apprendere secondo regole ben definite da replicare nei vari contesti. In realtà, il nostro sistema di apprendimento prevede l'automazione progressiva dei processi in seguito al miglioramento della pratica: così come abbiamo avuto difficoltà ad iniziare ad andare in bicicletta o guidare l'automobile, oggi possiamo farlo senza pensare ai vari passaggi motori o addirittura chiacchierando o impegnandoci contemporaneamente (e in qualche caso inopportunamente) in altri compiti.

La strategia di apprendimento più proficua è pertanto non quella formale scolastica, basata sulla memorizzazione dei concetti e delle regole, quanto quella "naturale" basata sulla ripetizione delle risposte a specifici stimoli.

Vi ricordiamo ancora una volta pertanto di non considerare gli esempi di queste esercitazioni come le regole della tecnica, ma come esempi da cui trarre la regola che poi sarà utile per comporre messaggi assertivi più coerenti con le specifiche e differenti circostanze.

Vi consigliamo di provare ad immedesimarvi nelle situazioni proposte – che hanno origine nella realtà – per rendere più efficaci queste esercitazioni.

In questo training a difficoltà intermedia vi proponiamo alcuni messaggi anassertivi chiedendovi di trasformarli in messaggi assertivi, utilizzando le regole illustrate sopra: A) ottenere lo scopo della relazione, B) mantenere una relazione positiva con l'interlocutore.

In conclusione di questa sezione di addestramento, per aiutarvi nel compito di acquisizione di abilità, abbiamo riportato alcune possibili soluzioni, che vi invitiamo ovviamente a scoprire solo dopo aver completato ogni singolo esercizio.

1–Un operatore a un suo collega di lavoro:
Messaggio anassertivo: *«Questo lavoro non mi piace! Perché? Perché lo dico io!».*
Messaggio assertivo: ____

2 – Un responsabile al suo collaboratore:
Messaggio anassertivo: *«È assolutamente indispensabile che mi finisca questo lavoro entro domani mattina».*
Messaggio assertivo: ____

3 – Un mentore al suo allievo:
Messaggio anassertivo: *«Hai fatto proprio un bel lavoro, da te non me lo sarei mai aspettato...».*
Messaggio assertivo: ____

4 – Uno scambio fra amici:
Messaggio anassertivo: *«Sono sicuro che è così...».*
Messaggio assertivo: ____

5 – Uno scambio fra colleghi di lavoro:
Messaggio anassertivo: *«Non mettere in discussione ogni cosa che ti dico».*
Messaggio assertivo: ____

Di seguito, come promesso, vi suggeriamo alcune possibile riposte esortandovi ancora a non considerarle come delle regole replicabili. Ancora una volta raccomandiamo (a costo di sfinire qualche lettore) di non utilizzare gli esempi come regole, ma trarre da essi le regole da utilizzare per comporre messaggi assertivi. Ci scusiamo per questo molesto assillo, ma riteniamo che sia proprio la replica stereotipata delle regole apprese e la loro generalizzazione a rendere inefficace lo scambio comunicativo.

1 - Messaggio assertivo: *«Hai fatto quello che ti ho chiesto, ma penso che puoi fare ancora meglio. Cosa ti può essere utile per migliorare?»*.

2- Messaggio assertivo: *«È importante che questo lavoro sia pronto entro domani mattina. Proponi tu una soluzione che vada bene a te»*.

3 - Messaggio assertivo: *«Hai fatto proprio un bel lavoro, ti confesso che mi hai sorpreso piacevolmente»*.

4- Messaggio assertivo: *«Onestamente credo che sia come ti ho detto, ma se hai idee migliori sono felice di ascoltarle»*.

5 - Messaggio assertivo: *«Mi dispiace che quello che ti propongo non ti piaccia, probabilmente tu hai informazioni più aggiornate. Ti fa piacere spiegarmele?»*.

Come avrete sicuramente notato, abbiamo adottato varie modalità di composizione di un messaggio assertivo, tutte però rispettose delle regole dell'assertività.
Come anticipato, in base al nostro livello di abilità possiamo spostarci proficuamente sull'asse della passività e dell'aggressività per modificare il significato del messaggio, ad esempio per mettere dei punti fermi nella relazione.
Ad esempio, nel caso dell'esercizio n. 3: *«Hai fatto proprio un bel lavoro. Mi fa piacere che stai superando le tue difficoltà, posso aspettarmi che tu migliori ancora?»*. Una comunicazione di questo tipo va oltre la contestualità in cui è stata prodotta ed esprime la richiesta che il collaboratore si impegni per raggiungere i livelli di performance che gli competono. Espresso sotto forma di richiesta, non può che ottenere una risposta positiva e la dichiarazione di impegno formale del collaboratore al suo superiore a migliorare ulteriormente.

Molto probabilmente quest'ultimo otterrà ciò che richiede al suo collaboratore: gli obiettivi auto-indotti (quelli che assumiamo noi stessi) sono decisamente più motivanti rispetto a quelli indotti dall'esterno.

La forma della comunicazione

Prima di passare ad esercitazioni più complesse, riteniamo sia utile illustrare alcuni aspetti che possono essere utili per padroneggiare al meglio le tecniche dell'assertività.

Non siamo personalmente convinti che una parola possa modificare in positivo o in negativo il senso di un messaggio, ma esistono delle variabili che è importante considerare per rendere più efficace la comunicazione e persuadere i nostri interlocutori a modificare il suo atteggiamento o comportamento. Una variabile importante è quella che potremmo definire "la forma della comunicazione", vale a dire la modalità esteriore con cui è espressa e che collega i livelli espliciti a quelli impliciti. Questo aspetto comprende la comunicazione non verbale e para-verbale, la punteggiatura ma anche la disposizione dei contenuti nella frase.

Per comprendere meglio questo ultimo passaggio, possiamo provare a valutare questo esempio, in cui sono riportate due messaggi che esprimono lo stesso concetto con modalità non dissimili, ma con una differenza sostanziale:

«Ernesto è una bravissima persona, ma è anche un gran tonto, e di lui non ci si può proprio fidare».

«Non ci si può proprio fidare di Ernesto, perché è un gran tonto, anche se è una bravissima persona».

In entrambi i casi risulta evidente il consiglio di non affidare compiti importanti a Ernesto, poiché chi emette il messaggio non lo ritiene adeguato alla loro complessità.

Avrete sicuramente notato che il messaggio è composto da tre concetti, che veicolano informazioni positive e informazioni negative:

1. Ernesto è una bravissima persona (informazione positiva)
2. È un gran tonto (informazione negativa)
3. Non ci si può fidare di lui (informazione negativa)

Ma nei due esempi i concetti sono disposti in maniera differente. Nel primo caso l'informazione positiva è all'inizio della frase. Nell'esempio successivo il messaggio si apre invece con un'informazione negativa. Inoltre, tale informazione (non ci si può fidare di Ernesto) è il significato stesso associato alla frase. Chi emette il messaggio intende fornire al suo interlocutore anche gli elementi per decifrare il significato che desidera associargli.

La modalità con cui si apre un messaggio ne condiziona la valutazione successiva. Un effetto ben noto nel ramo della psicologia cognitiva che si occupa di comunicazione con il nome di "*effetto priming*": in questo caso le prime informazioni condizionano le informazioni successive. Nel caso di una stringa di testo piuttosto lunga, le informazioni successive rischiano di essere "cancellate" dalla partizione di memoria (la Memoria di Lavoro) che utilizziamo per la prima assimilazione e valutazione delle informazioni, che può contenere una quantità estremamente limitata di *chunk* (unità di memoria).

Se chi valuta il messaggio intende mantenere le prime informazioni, sarà costretto a rinunciare a quelle successive quando la quantità supererà i limiti di capacità mnemonica.

La valutazione della necessità o meno di mantenere l'informazione – e il significato associato – dipende dal peso dell'informazione e dai rischi che comporterebbe non tenerla in considerazione. In questo caso affidare un compito importante ad una persona non adeguata.

In altre parole, così come valutiamo una persona dal primo impatto visivo ancora prima che questi apra bocca o costruiamo un'impressione utilizzando informazioni esterne (come quelle passate da altre persone) o stereotipi legati alla categoria professionale, all'età, la provenienza ecc. ... legandole ad esperienze personali o vicarie (cioè sperimentate da altre persone), le prime parole di una frase sono una sorta di "vestito" che, una volta valutato, ci fornisce gli elementi per dare significato al contenuto, sulla base delle aspettative che suscita e che poi vengono quasi sempre confermate (soprattutto nel caso siano negative).

Oltre all'effetto primacy, esiste anche l'effetto contrario. L'"*effetto recency*" pone invece maggiore peso sulle informazioni più recenti – quelle ricevute per ultime – poiché le informazioni precedenti perdono peso o vengono "cancellate" nella Memoria di Lavoro. Anche in questo caso la scelte di mantenere un'informazione a discapito di altre dipende da fattori come il peso percepito (in termini di importanza) dell'informazione, il rischio associato al non prenderla in considerazione e le aspettative di chi riceve il messaggio. L'effetto recency ha tuttavia un peso maggiore nel caso della stringa di testo sia piuttosto lunga, a causa della limitata capacità della Memoria di Lavoro e dalla impossibilità di registrare, codificare e accantonare le informazioni direttamente in questa partizione.

Possiamo pertanto sfruttare abilmente questi effetti ponendo gli elementi salienti del significato all'inizio della frase se il discorso è breve e contratto, come nel caso dell'eloquio diretto vis-a-vis, o fare il contrario se la stringa di testo è piuttosto lunga, come nel caso di una e-mail.

Ad esempio, se volessimo chiedere ad un nostro collega di aiutarci in un compito gravoso che comporta per lui degli aspetti negativi (come il prolungamento dell'orario di lavoro), potremmo agire in questo modo: «*Ciao Ernesto, so di potermi fidare di te: puoi aiutarmi a fare questo lavoro? Mi rendo conto che hai già finito il tuo orario di lavoro*».

In questo caso il peso maggiore è spostato sull'informazione: "*so di potermi fidare di te*" che corrisponde ad una dichiarazione di stima alla quale il nostro amico Ernesto farà fatica a sottrarsi. Se Ernesto fosse lontano, in un'altra sede di lavoro, e ci trovassimo nella necessità di chiedergli aiuto inviandogli una e-mail, potremmo esordire in questo modo: «*Ciao Ernesto, ti devo chiedere un aiuto che probabilmente ti risulterà un po' gravoso...»*, spiegando successivamente in cosa consiste questo aiuto nel testo successivo della e-mail, e chiudere infine il discorso: *«Lo chiedo a te perché sento di potermi fidare»*.

In questo caso, con buona probabilità il significato sollecitato da una attivazione emotiva positiva ruoterà ancora attorno al concetto della fiducia, mentre l'informazione negativa (la gravosità del compito), posta all'inizio del discorso, avrà progressivamente perso peso e sarà scomparsa dalla Memoria di Lavoro e non sarà stata immagazzinata in altre partizioni.

Effetto primacy e effetto recency sono infine condizionati da un ulteriore automatismo, il cosiddetto *"effetto alone"*: tendiamo infatti ad associare ad un'informazione positiva altre informazioni positive e informazioni negative ad un'informazione negativa, così come caratteristiche comuni alla prima informazione.

Ad esempio, accade che quando si recano dal medico, ritenendolo autorevole nel campo in cui svolge la sua professione, molte persone chiedono consigli per argomentazioni provenienti da tutt'altro campo, non necessariamente associato alla medicina. Ciò è dovuto alla valutazione delle informazioni sulla base delle nostre aspettative: come anticipato, se queste non contrastano con le informazioni modifichiamo le informazioni e non le aspettative, poiché ciò risulta più faticoso dal punto di vista cognitivo. Pertanto, se il messaggio viene aperto con un'informazione positiva (*«Ernesto è una gran brava persona»*), tutte le informazioni successive verranno valutate all'interno di questa cornice positiva.

Effetto opposto, ovviamente, in caso contrario. Ernesto non riceverà alcun incarico, in ogni caso, ma il significato associato all'informazione sarà comunque positivo o negativo rispetto alla sua valutazione.

Esiste un ulteriore dinamica che possiamo utilizzare abilmente e che ci consente di sfruttare contemporaneamente entrambe le condizioni presentate sopra: il cosiddetto *"effetto sandwich"* consiste nel porre una informazione che si desidera non venga pesata o assuma un peso inferiore nella valutazione complessiva, rispetto alle altre. «*Ernesto è una bravissima persona, ma è anche un gran tonto, però è sempre disponibile quando gli chiedo qualcosa*», ci informa che il nostro collega Ernesto non è adeguato per l'incarico che stiamo valutando di affidargli, ma l'impressione generale che ne ricaverà il nostro interlocutore, con molta probabilità, sarà comunque positiva nei confronti della persona; «*Ernesto è un gran tonto, è sempre disponibile quando gli chiedo qualcosa, ma è inaffidabile*»: in questo caso l'informazione positiva è "schiacciata" fra le due informazioni negative che assumono un peso maggiore nella valutazione complessiva, per quanto – in entrambi i casi – Ernesto non riceverà l'incarico.

Gli effetti illustrati sopra non riguardano solamente valutazioni sulle persone, ma anche una qualsiasi informazione che – a seconda della disposizione della frase – può modificarne il significato.

L'esempio successivo può illustrare meglio il concetto. In questo caso il peso del significato è spostato sul contenuto evidenziato in corsivo:

GIOVANNA stasera indossa gli zoccoli fucsia di gomma
Giovanna STASERA indossa gli zoccoli fucsia di gomma
Giovanna stasera indossa gli ZOCCOLI fucsia di gomma
Giovanna stasera indossa gli zoccoli FUCSIA di gomma
Giovanna stasera indossa gli zoccoli fucsia di GOMMA

Se poniamo l'accento differentemente sulle diverse parole, l'informazione assumerà significati differenti o il significato si articolerà su elementi con peso differente: 1) è Giovanna che stasera indossa gli zoccoli (e non Lucia, Pamela o Federica...), 2) li indossa proprio stasera (e non ieri o domani), 3) indossa gli zoccoli (e non altre calzature), 4) che gli zoccoli sono fucsia (e non uno dei tanti colori disponibili) e infine 5) che sono di gomma (e non di altri materiali). L'informazione non varierà (saremo tutti a conoscenza delle scelte stilistiche di Giovanna), ma il significato associato all'informazione– almeno in parte – sicuramente sì.

Anche questo effetto ci consiglia di valutare il più possibile la composizione dei nostri messaggi, sia per ottenere maggiori effetti persuasivi sia per evitare il più possibile che il significato che desideravamo associare al testo risulti eccessivamente distorto dalle valutazioni del nostro interlocutore, con il rischio di non ottenere, o ottenere un raggiungimento solo parziale, dei nostri obiettivi.

Comunicazione verbale e comunicazione non-verbale

Nella trattazione degli argomenti e la stesura di questo manuale abbiamo scelto di non occuparci delle aree della comunicazione non verbale e quella para-verbale. Non perché li consideriamo di valore marginale, tutt'altro. Abbiamo già avuto modo di spiegare che il significato ed il potere persuasivo sono maggiormente associabili proprio a questi elementi.

Ma abbiamo preferito evitare una esposizione banalizzata dell'argomento, per motivi di spazio, anche in considerazione che le competenze in questo caso – per essere padroneggiate proficuamente – richiedono un lungo apprendimento e un costante training.

Ripromettendoci di dedicare un testo specifico all'interno di questa collana, possiamo tuttavia ridurre l'argomento delle forme non verbali di comunicazione ad un assioma fondamentale: le forme di comunicazione (verbale e non) devono coincidere nella loro emissione. Chi riceve il messaggio ne coglie ogni aspetto sia in modo esplicito sia – soprattutto – in modo implicito, attraverso le aree nevose sub-corticali, utilizzando schemi automatici che prevalgono su quelli razionali.

In caso di ambiguità (discrasia fra ciò che è detto e ciò che la comunicazione effettivamente veicola) l'interlocutore si affida maggiormente ai segnali non-verbali. Se la difficoltà di decifrare il messaggio risulta eccessiva, il rischio è che la relazione venga abbandonata e chi emette il messaggio venga giudicato inaffidabile. Ciò creerà aspettative negative che finiranno per condizionare le interazioni successive, se se ne ricreerà l'occasione.

Vi invitiamo a non prescindere da questo fondamentale aspetto.

Pur rinunciando ad una trattazione esaustiva della componente non-verbale a causa della sua complessità, desideriamo rimarcare un aspetto che può risultare importante ed essere relativamente padroneggiabile: il ritmo dell'eloquio. È fin troppo intuitivo, infatti, che una velocità elevata nell'emissione delle parole può far percepire uno stato ansioso o non tranquillo, il desiderio di concludere velocemente lo scambio comunicativo o scarsa disponibilità nei confronti dell'interlocutore. Anche un ritmo eccessivamente lento può fornire impressioni negative. L'effetto dipende, in questo caso, non tanto da valori oggettivi (non esiste un ritmo ideale, inteso come il numero di parole al minuto) ma dal contesto.

Anche in questo caso, infatti, vale la regola per cui la comunicazione non-verbale e tutte le forme ad essa associate devono essere coerenti con la situazione, l'obiettivo della comunicazione, lo stile dei comunicatori e la storia precedente nella relazione. Se gli interlocutori si esprimono in maniera differente, infatti, al di là degli stili personali ciò può segnalare all'altro una mancanza di condivisione e la mancanza di volontà (reale o meno) nel negoziare aspetti secondari della comunicazione, che possono tuttavia condizionare i livelli primari. Se gli interlocutori non percepiscono un clima di cooperazione, infatti, anche i significati associati alla comunicazione saranno coerenti con questo stato (come dimostrano le *massime conversazionali* di Grice che abbiamo già conosciuto).

Se nel corso del tempo avrete occasione e desiderio di approfondire le vostre conoscenze, potrete maneggiare tecniche raffinate come quella utilizzata dai più abili oratori e esperti di public speaking a scopo persuasivo. Il ritmo dell'eloquio e le pause vengono modificati per consentire o impedire il recupero dalla Memoria a Lungo Termine (il magazzino dove sono archiviate le informazioni destinate a perdurare) di informazioni che possono confermare o disconfermare le informazioni contenute nel messaggio.

Se, ad esempio, vogliamo persuadere qualcuno ad accettare una nostra tesi ma temiamo che questi recuperi delle informazioni contrarie alla tesi stessa, non gli concediamo il tempo per farlo e passiamo immediatamente ad un'altra parte del discorso. Se, al contrario, sappiamo che il recupero di informazioni rafforzerebbe l'opinione, facciamo una pausa di 3-4" per dare il tempo al nostro interlocutore di recuperare le informazioni dalla partizione di memoria in cui sono immagazzinate e trasferirle nella Memoria di Lavoro, dove le informazioni vengono associate ai significati prima di essere archiviate nuovamente nella "memoria da elefante" (la Memoria a Lungo Termine), a cui ricorreremo per le valutazioni ed i comportamenti successivi.

Queste tecniche vengono utilizzate anche nel confezionamento degli spot pubblicitari che quotidianamente sono inseriti nei programmi televisivi e radiofonici, con il passaggio più o meno serrato da una scena all'altra, o da alcuni politici soprattutto di scuola nordamericana di cui potete visionare i numerosi filmati presenti in Internet, realizzati in occasione di comizi o conferenze (e che successivamente analizzeremo nel dettaglio).

Sino a quando le vostre abilità non saranno sufficientemente raffinate, tuttavia, vi consigliamo di non deludere la regola fondamentale di non cercare di ingannare con le parole il vostro interlocutore, perché i segnali impliciti che il vostro corpo emetterà comunicheranno comunque che le parole sono disancorate dal pensiero e lo stato d'animo e la comunicazione apparirà pertanto incoerente e ambigua. E difficilmente una persona giudicata ambigua otterrà fiducia.

L'assertività è basata sulla cooperazione, la condivisione dei vantaggi della relazione e la negoziazione delle regole. Se vi trovaste nella condizione di voler ingannare il vostro interlocutore, le tecniche dell'assertività vi risulterebbero pertanto poco utili.

☑ Esercitazione 5 – Rispondere all'anassertività

Come anticipato, nei contesti relazionali e in particolare in quello lavorativo, la situazione più ricorrente è quella proposta in questa esercitazione, cioè quella in cui un comunicatore adotta un messaggio anassertivo, creando un contesto relazionale conflittuale e poco efficace ai fini dell'obiettivo relazionale. Se, per esempio, un addetto intende sollecitare la collaborazione di un collega nell'esecuzione di un compito, potrebbe esperire un messaggio di questo tipo: *«guarda che dobbiamo inserire questi dati nel gestionale entro venerdì, vedi di non far fare il lavoro tutto a me»*. Anche questo esempio è tratto – come in tutti i casi presenti in questo manuale – dalla realtà quotidiana.

Il messaggio sopra citato è ovviamente di tipo aggressivo e veicola un significato che va oltre il qui e ora e risulterebbe poco comprensibile a chi non conosce la storia della relazione fra i due comunicatori, in cui probabilmente è presente un'esperienza in cui il carico di lavoro e responsabilità è stato percepito eccessivamente sbilanciato da parte di uno dei due interlocutori. Il significato implicito è qualcosa di simile: *«il carico di lavoro deve essere equamente diviso, non cercare di scaricarlo tutto su di me come hai fatto l'altra volta»*. Ad un livello inferiore, è qualcosa di simile a: *«sei uno scansafatiche!»*.

Indipendentemente dalla realtà dei fatti, chi riceve questo messaggio può avere una visione differente degli eventi e percepire il messaggio come accusatorio e squalificante.

È possibile infatti che nell'esperienza precedente lo sbilanciamento del carico di lavoro sia stato causato proprio da una difficoltà di comunicazione che non ha consentito un perfetto coordinamento fra i due professionisti. Indipendentemente da ciò, il messaggio comporterà l'automatica assunzione di modalità difensive da parte dell'altro operatore il quale potrebbe rispondere a sua volta utilizzando messaggi accusatori: *«ma se non mi dici mai prima cosa vuoi fare!»* o addirittura squalificanti: *«per una volta che hai fatto qualcosa, adesso sembra che fai tutto tu!*». Questi possibili messaggi (in questo caso stiamo producendo ipotesi di come potrebbero susseguirsi gli eventi ma sono comunque tratte dalla realtà osservata) si installano a livelli progressivi dell'escalation del conflitto.

Noterete come nel primo caso sia presente una forma aggressiva – e ovviamente anassertiva – ma sia comunque presente l'oggetto della relazione (effettuare una operazione di data-entry); nel secondo caso l'obiettivo professionale è già passato in secondo piano e prevale la contesa personale, poiché ciascuno interessato è a prevalere sull'altro. Fin troppo agevole intuire che questo obiettivo, in realtà, non si realizzerà e il compito non verrà eseguito utilizzando la modalità più efficace disponibile. Inoltre si creerà un apprendimento negativo che verrà replicato nelle occasioni successive. Di fatto, ciascun operatore non potrà più contare sull'aiuto spontaneo e collaborativo dell'altro.

Per molti motivi, pertanto (stress, ritmi di lavoro, esperienze negative...) è molto probabile che uno scambio comunicativo si apra con una forma anassertiva a cui risulta naturale rispondere con una modalità altrettanto anassertiva (a causa dell'emergere di difese). Ciascuno di noi – in condizioni normali e assenza di tecniche adeguate – giocoforza risponde con le stesse modalità in cui è stato confezionato il messaggio che riceve.

Del resto, se nell'ambito relazionale e professionale ogni scambio si aprisse con una forma assertiva, non avremmo motivo di parlare dell'argomento perché gli scambi successivi avrebbero ovviamente la stessa forma. Poiché le cose vanno generalmente in modo differente, la situazione più reale è pertanto quella di dover ristabilire un clima cooperativo e trasformare lo scambio comunicativo da anassertivo a assertivo per non rinunciare a tutti i vantaggi della relazione a favore di un illusorio vantaggio personale.

Potete spulciare fra le vostre esperienze, infatti, per verificare quanto sia raro che uno scambio anassertivo si risolva con l'accettazione volontaria da parte di un interlocutore di una nuova regola in cui prevale una condizione di aggressività e magari con una richiesta di scuse da parte di chi viene aggredito («*sì, hai ragione, sono proprio uno scansafatiche...*»). Concorderete che nella realtà questa circostanza non si verifica mai.

Riutilizzando le situazioni proposte precedentemente, vi invitiamo pertanto – possibilmente calandovi nel contesto o facendo riferimento ad esperienze simili che avete vissuto – a rispondere in modo assertivo al messaggio anassertivo proposto. Anche in questo caso (e raccomandandovi di visionarli solo dopo aver completato l'esercitazione) vi proponiamo in conclusione delle ipotesi da noi prodotte.

1–Un operatore a un suo collega di lavoro:
Messaggio anassertivo: «*Questo lavoro non mi piace! Perché? Perché lo dico io!*».
Messaggio assertivo: ____

2 – Un responsabile al suo collaboratore:
Messaggio anassertivo: «*È assolutamente indispensabile che mi finisca questo lavoro entro domani mattina*».
Messaggio assertivo: ____

3 – Un mentore al suo allievo:
Messaggio anassertivo: «*Hai fatto proprio un bel lavoro, da te non me lo sarei mai aspettato...*».
Messaggio assertivo: ____

4 – Uno scambio fra amici:
Messaggio anassertivo: «*Sono sicuro che è così...*».
Messaggio assertivo: ____

5 – Uno scambio fra colleghi di lavoro:
Messaggio anassertivo: «*Non mettere in discussione ogni cosa che ti dico*».
Messaggio assertivo: ____

Di seguito, come promesso, vi suggeriamo alcune possibile riposte.

1 - Risposta assertiva: «*Mi dispiace vederti contrariato, vorrei fare veramente un buon lavoro. Cosa posso fare perché tu sia soddisfatto?*»

2 - Risposta assertiva: «*Sono dispiaciuto di doverti dire di no, mi rendo conto che ti metto in difficoltà, ma ho da tempo programmato una visita. Se è proprio indispensabile questo lavoro inizio adesso e arrivo domani un po' prima, poi recupererò in uscita*»

3 - Risposta assertiva: «*Sono felice di averti soddisfatto. Ti confesso che ero in difficoltà perché non avevo le informazioni che mi servivano. Se tu potessi aiutarmi in futuro certamente continuerò a fare meglio*»

4 - Risposta assertiva: «*Onestamente anch'io sono certo di quello che ti dico ma posso sbagliarmi. Dove hai letto questa cosa, forse le tue fonti sono migliori delle mie...*»

5 - Risposta assertiva: «*Credo di essermi spiegato male, non intendevo contrariarti ma sono preoccupato perché spesso quello che ho imparato contrasta con quello che mi viene detto. Puoi aiutarmi a capire meglio?*»

Ovviamente (esortandovi ancora a non considerare gli esempi come regole) non garantiamo che una risposta assertiva sia sempre in grado di invertire il clima di aggressività, ma in ogni caso aumenterà notevolmente la probabilità che questo accada. Una risposta anassertiva garantirà sistematicamente, al contrario, che l'obiettivo non sarà raggiunto.
In qualche misura, tuttavia, anche se il nostro interlocutore non è disposto a modificare il suo atteggiamento, qualche risultato l'avremo ottenuto. Concentriamoci sull'esempio 1: («*Questo lavoro non mi piace! Perché? Perché lo dico io!*» e la possibile risposta «*Mi dispiace vederti contrariato,*

vorrei fare veramente un buon lavoro. Cosa posso fare perché tu sia soddisfatto?») è evidente il tentativo iniziale di scaricare sull'altro la responsabilità di un insuccesso e la chiusura ad un possibile tentativo di cooperazione *«Perché lo dico io!»* che non porterà ad alcun miglioramento del risultato. La risposta – al contrario – dimostra disponibilità ed apertura e restituisce la responsabilità del blocco della relazione su chi emette il messaggio anassertivo. Se questi non modificherà il suo atteggiamento (*«non ho tempo da perdere!»*) dovrà assumersi la responsabilità dello sbarramento e della rinuncia ad ottenere un risultato conforme alle sue aspettative.

Inoltre, la modifica o meno dell'atteggiamento ci fornirà comunque delle informazioni utili – che probabilmente non erano disponibili – che ci possono aiutare ad interpretare la relazione e le sue difficoltà, oltre che progettare come risolverla o gestirla. La risposta *«non ho tempo da perdere!»* ci può ad esempio suggerire che il problema del nostro collega è probabilmente lo stress dovuto ad un carico di lavoro eccessivo e potremmo proporci di aiutarlo nei suoi compiti per ottenere la sua disponibilità e la sua apertura: *«Mi dispiace vederti contrariato, mi rendo conto che tutti i problemi cadono su di te, ultimamente. Se sei in difficoltà posso aiutarti, così intanto posso capire meglio come fare il mio lavoro»*. Comprensione e apertura non possono che a loro volta stimolare identici atteggiamenti.

Se invece il nostro interlocutore al nostro tentativo di apertura precedente emettesse una risposta come: *«Voi nuovi pensate di sapere già tutto e mi tocca anche rimediare agli errori che fate»* oppure *«Non sopporto il tuo modo di fare le cose»* ciò ci informerebbe rispettivamente che l'atteggiamento è basato su stereotipi o esperienze negative precedenti e che – nel secondo caso – c'è una discrasia personale che va oltre aspetti meramente lavorativi e professionali.

Disporre di questo tipo di informazioni può essere estremamente utile per non interpretare in maniera erronea la situazione basandosi sul detto, o sulla fatica di interpretare i segnali impliciti. Se cerchiamo di risolvere il problema sbagliato otterremo lo stesso risultato del medico che fornisce ad un paziente il farmaco per una patologia differente rispetto a quella che affligge il suo paziente.

Nel caso dell'esempio 2 («*È assolutamente indispensabile che mi finisca questo lavoro entro domani mattina*») la risposta da noi proposta in qualche caso ha ottenuto un riscontro successivo come: «*Beh vedi tu, l'importante è che sia pronto entro domani mattina, sono un po' preoccupato perché avremo presto un'ispezione dell'audit della qualità*»). In questo caso, come è evidente, l'oggetto della relazione non è tanto la realizzazione di un compito, quanto la preoccupazione del responsabile per una prossima verifica e il tentativo di mettere ordine in tutte le situazioni.

Le persone preoccupate vanno ovviamente confortate e il responsabile può essere rassicurato dal fatto che il suo collaboratore si attivi per portare a termine il compito e che questo verrà realizzato nei tempi previsti. Il collaboratore otterrà di non dover prolungare il suo orario lavorativo oltre limiti accettabili.

È facilmente osservabile che coloro che assumono ruoli di responsabilità tendono a gestirli o con modalità controllanti, che prevedono la focalizzazione sequenziale delle operazioni (non iniziare un'operazione prima che sia considerata conclusa quella precedente) oppure sulla delega ai collaboratori di gestire tutte le situazioni confidando che ciò corrisponde ad una immediata archiviazione del problema.

Questo confermerebbe l'osservazione di alcuni studiosi secondo i quali manager organizzativi, professionisti e tutti coloro che convivono con carichi di responsabilità agiscono spesso (o almeno in parte) non secondo modalità finalizzate alla massima efficienza, ma che garantiscono l'abbassamento del loro livello di ansia. Nel gergo manageriale, quando ciò accade, talvolta si dice: «ho passato le mie ulcere a qualcun altro».

Per una persona controllante (cioè che desidera essere presente nella gestione di tutte le situazioni e cerca di presidiarle il più possibile) può essere confortante sapere che il compito verrà eseguito entro un certo termine e pertanto potrà iniziare a dedicarsi ad un'altra incombenza che provoca stress e attiva una risposta di ansia (che potremmo interpretare come una sorta di "dolore psicologico" che costringe chi la sperimenta ad attivarsi per risolvere una condizione minacciosa o problematica).

Per un controllante può essere rassicurante il fatto che il collaboratore abbia iniziato ad eseguire il compito e lo concluderà entro un tempo improrogabile. Nel momento stesso in cui il collaboratore su cui è riversata fiducia ha assunto il compito, infatti, il responsabile considera non più presente il problema nella sua personale lista di stimoli ansiogeni. Per altre categorie di personalità (dedicheremo su questo aspetto una sezione successiva), che prediligono una modalità delegante, può apparire maggiormente rassicurante notare che attorno a lui tutti si sono attivati per risolvere il problema, magari sospendendo altri compiti, creando condizioni talvolta caotiche e minando la valutazione di fiducia nei confronti del leader. Una leadership efficace prevede l'armonizzazione dei due vettori delega e controllo, come illustra la tabella successiva.

controllo	delega →	
Delega: bassa Controllo: alto	Delega: alta Controllo: alto
Delega: bassa Controllo: basso	Delega: alta Controllo: basso

Il modello organizzativo delega-controllo, o *modello della fiducia*, è stato creato da noi stessi per le attività consulenziali organizzative e per scopi formativi, ma anche per interpretare altri tipi di relazioni (ad esempio un genitore nei confronti dei figli. Le aspettative di fiducia delineano le modalità di delega o controllo che possono escludersi a vicenda – nelle ipotesi più estreme ed evidentemente disfunzionali – o concordarsi.

Sulla base della direzione che assumono le due variabili (rappresentate nella tabella a doppia entrata) si descrivono 4 stili di leadership a cui si associano altrettanti stili di comunicazione che risultano efficaci nel caso siano confermate le aspettative reciproche.

Partendo dall'alto, nel primo riquadro, *Delega: bassa e Controllo*: alto, il leader difficilmente tenderà a delegare un compito ad un'altra persona e non accetterà che il compito venga eseguito con una modalità diversa da quanto da lui previsto. In questo caso la relazione prevede, da parte del collaboratore, un ruolo di mero *"esecutore"*.

Nel secondo riquadro, *Delega: alta e Controllo*: alto, il leader delega il compito ad un'altra persona non accetterà che il compito venga eseguito con una modalità diversa da quanto da lui previsto. In questo caso la relazione prevede, da parte del collaboratore, un ruolo di *"incaricato"*.

Nel terzo riquadro (in basso), *Delega: bassa e Controllo*: basso, il leader tenderà a non delegare il compito e non controllarne l'esecuzione. È lo stile di leadership generalmente più problematico, poiché comporta la totale assenza di autorità e autorevolezza e comporta la sostanziale auto-gestione del gruppo (in alcuni modelli interpretativi viene definito stile laissez-faire, che tradotto dal francesismo significa lascia fare). in questo caso il ruolo che definisce la relazione è quello di *"amministratore"*.

Il quarto e ultimo riquadro, Delega: alta e Controllo: basso, il leader delega il compito ad un'altra persona che definirà lei stessa come eseguire il compito, senza il controllo del livello gerarchico superiore. In alcuni modelli di leaderschip viene definito "stile trasformativo", perché prevede l'assunzione di responsabilità e la trasformazione del discente verso livelli di competenza sempre superiori. In questo caso il ruolo che soddisfa le aspettative del leader è quello di *"delegato"*.

In realtà – salvo probabilmente le condizioni eccessive – non esiste uno stile funzionale o disfunzionale in senso assoluto. Dipende ovviamente dal tipo di organizzazione (professionale, amicale, familiare...) e dai suoi obiettivi, oltre che dallo stile di personalità di ciascuno. Ad esempio un'organizzazione militare è necessario uno stile autoritario che non concede spazio agli altri. Nel contesto familiare spesso persone che faticano ad assumere decisioni si legano facilmente a persone che non faticano ad assumersi la responsabilità delle scelte.

Per contro, uno stile di leadership delegante e controllante non collima con uno stile, che contraddistingue il suo interlocutore, che tende ad essere autonomo nell'esecuzione dei compiti o ad assumersi a sua volta la responsabilità delle decisioni.

Se giudicate utili questi concetti, potrete verificare se il vostro superiore, i vostri colleghi s(e si verificano dispute per i rapporti di forza o situazioni di gerarchie informali), i vostri amici, i familiari o il partner agiscono preferibilmente controllando o delegando. Anche un controllante può delegare ma è meno disposto a negoziare sugli esiti e le modalità (*«fammi questa cosa, ma devi farla a modo mio»*). Allo stesso modo un delegante può agire un qualche grado di controllo (*«fai come vuoi, ma mi aspetto da te un buon risultato»*); è pertanto utile valutare qual è la modalità prevalente tenendo conto che questa è generalmente espressione di tratti di personalità che tendono a non variare sensibilmente nel corso del tempo.

In tutti i casi, come vedete, è necessario aver ben presente qual è l'oggetto della relazione, che può essere molto differente da ciò che è espresso in modo esplicito. Allo stesso modo è importante non rinunciare totalmente al vantaggio della relazione per non cadere in una modalità relazionale passiva con tutto ciò che questo implica (cosa di cui abbiamo già discusso).

Ad esempio la situazione 3 dell'ultima sessione di esercitazioni consente di ottenere una maggiore disponibilità evitando una chiusura totale e la rinuncia all'oggetto della relazione.

L'esempio 4 riporta un messaggio leggermente spostato sull'asse dell'aggressività: «*dimmi dove hai imparato questa cosa, ma se le tue fonti non sono così solide, dovrai automaticamente accettare che ho ragione io*». Ciò è giustificato dal fatto che l'oggetto della relazione si è già in parte spostato dall'obiettivo iniziale (ad esempio l'interpretazione di una nuova disposizione) ad un rapporto di forza fra gli interlocutori, che rivendicano entrambi di aver ragione.

Ovviamente, espresso nei termini proposti sopra, il messaggio è mascherato nei livelli impliciti e pertanto non viene percepito come minacciante. Anche se le fonti del nostro interlocutore sono effettivamente più affidabili delle nostre, avremmo comunque mantenuto l'obiettivo e la qualità della relazione.

Infine, l'esempio 5 riporta un'altra situazione che accade frequentemente. Le persone non sono disposte a mettere in discussione facilmente gli assunti su cui si basano le loro conoscenze e reagiscono negativamente se qualcuno attacca le loro convinzioni. Potremmo trovarci nella situazione di dover aiutare l'altro a farlo senza l'erigersi di difese protettive ma, allo stesso modo, anche noi stessi ci potremmo trovare nella situazione opposta, in cui le nostre difese vengono percepite dall'altro come un attacco personale, mentre è in realtà causato dal timore che tutte le nostre convinzioni siano destinate a crollare.

La situazione non è in ogni caso produttiva: chiunque – ad esempio - cerchi di attuare sul piano pratico le conoscenze formali di un percorso scolastico, formativo universitario o professionalizzante, deve prima o poi constatare che la realtà lavorativa presenta delle differenze non sempre colmabili senza dover mettere in discussione il proprio bagaglio di competenze. E ciò accade non di rado anche transitando da un'organizzazione all'altra, poiché ciascuna presenta condizioni, modalità e modelli di lavoro che possono essere inconciliabili fra loro.

Così, chi propone nuove modalità viene percepito come una minaccia e bloccato, chi cerca di difendere le sue convinzioni subisce allo stesso modo il tentativo di blocco. Ciò crea una condizione improduttiva, che limita l'ingresso e lo scambio di competenze, che può essere superata aggirando le modalità difensive che ciascuno mette in campo. Il comprensibile tentativo da parte del nuovo entrato di trovare riscontro delle sue convinzioni viene percepito come un attacco e bloccato, a causa dell'utilizzo di tecniche comunicative poco efficaci che finiscono per deteriorare la relazione e creare stress.

Inizialmente, il gruppo si consolida, *"normalizzando"* il comportamento medio, nel tentativo di riportare il "dissidente" entro i canoni che definiscono le regole del gruppo, facendo prevalere la sua forza. Se il tentativo non riesce, chi si trova in minoranza viene infine abbandonato ed escluso.

Nell'ambito relazionale più intimo, come quello familiare, il blocco della comunicazione viene attuato spesso per non mettere in discussione i ruoli gerarchici e le routine consolidate, che definiscono tutta la rete di legami. Pertanto, tornando al nostro esempio della spazzatura, si può rinunciare a proporre nuove modalità non per timore di rompere una routine ma di aggredire le regole relazionali ad essa associata, ad esempio – in questo caso – la divisione dei compiti sulla base delle categorie gerarchiche, l'apporto economico di ciascuno, la convinzione che i figli debbano obbedire ai genitori e così via.

Spesso la comunicazione assume forme disfunzionali che derivano più facilmente da stili appresi e inconsapevolmente replicati, più che dal tentativo di prevaricare l'altro o ledere la componente collaborativa. Soprattutto quando la relazione implica e incorpora uno sbilanciamento di potere (come nel contesto familiare o quando un superiore o un esperto riceve una richiesta di aiuto o assistenza) tendiamo ad utilizzare modalità comunicative che sanciscono il distacco fra gli interlocutori, ma non sono funzionali alla relazione e, in caso di criticità, queste vengono amplificate.

Ad esempio, quando andiamo dal medico preoccupati per la nostra malattia, questi si rivolge a noi dandoci del «*tu*», mentre noi, salvo che non preesista un rapporto di stretta amicizia, non ci spostiamo da un formale e rispettoso «*lei*». Ma come dimostrano le ricerche e le nostre osservazioni, oltre che l'esperienza diretta nei contesti clinici, per quanto cortese tale comunicazione provoca la negazione della relazione terapeutica, un po' come se il professionista dicesse: «*io sono il medico, tu il paziente, io so cosa serve per te, fai quello che ti dico e guarirai*». E in effetti il paziente si sente in difficoltà nel chiedere spiegazioni o che vengano dissolti i suoi dubbi sui farmaci prescritti e sulle cure indicate, cosa che limita notevolmente la compliance nei confronti della cura e provoca talvolta degli errori (come sbagliare ad assumere i farmaci).

Di conseguenza, se la prognosi non dovesse soddisfare le aspettative del paziente, questi perderebbe totalmente fiducia verso di lui o le cure che ha progettato, pregiudicando la relazione.

Questo tipo di comunicazione è sovrapponibile a quella che una madre utilizza con il suo bambino che, impaurito, inizia a muovere i primi passi e deve essere contemporaneamente sollecitato a farlo e redarguito su eventuali comportamenti improvvidi, senza fornire spiegazioni che, del resto, l'infante non è ancora in grado di comprendere.

Nella condizione adulta questa modalità, per quanto ricorrente, risulta più spesso disfunzionale poiché nega – per quanto mascherata e ammortizzata ad esempio da un clima cordiale e protettivo – gli assunti di reciprocità della relazione, che può definirsi in questo caso "*complementare*", nel linguaggio della pragmatica e rintracciabile nel #5 assioma, già enunciato qualche pagina fa. Ma è una circostanza rischiosa, se non totalmente condivisa. Se può essere accettata nell'ambulatorio di un medico – salvo poi sperimentarne le eventuali criticità – sulla base di regole informali e la loro replica, si rivela decisamente poco efficace in altri contesti.

Come già illustrato, infatti, nel momento in cui iniziamo una relazione stabiliamo e comunichiamo all'altro le regole con cui intendiamo definirla; è come se – incontrando una persona – attraverso segnali impliciti consegnassimo una sorta di libretto di istruzioni che descrive come mi vedo io, come vedo gli altri, come voglio o mi aspetto che gli altri vedano me. Ma spesso dimentichiamo che anche l'altro farà altrettanto e non è scontato che asseconderà le nostre aspettative.

Questo processo è comunque faticoso: se la natura ci ha fornito di strumenti molto efficaci per interpretare lo stile e anticipare i comportamenti dell'altro nelle primissime fasi delle interazioni, tali valutazioni sono comunque grossolane, si limitano a qualcosa di simile a amico/nemico, pericoloso/non pericoloso o poco di più. Nel mondo relazionale attuale, ben più complesso rispetto a quello in cui ci siamo evoluti, le "prime impressioni" sono importanti (come informa la psicologia ingenua) ma possono risultare insufficienti e la successiva ricerca di informazioni richiede l'impiego di energie metaboliche che il nostro organismo non concede così facilmente.

Per questo, talvolta, rinunciamo a capire il punto di vista dell'altro, a comprendere il mondo in cui si muove, e preferiamo agire nel suo come faremmo nel nostro, dando per scontato che l'altro si debba uniformare.

Ma se entrambi agiscono in questa direzione, ciò non accadrà mai.

Di conseguenza, se l'altro attore non conferma le nostre aspettative, lo giudichiamo negativamente.

Spesso pretendiamo che gli altri cambino senza concedere all'altro di cambiare noi stessi. Così, si generano distanze e ci sfugge l'immenso potere della persuasione: se gli altri si conformano alle nostre aspettative, se vogliamo modificare l'altro possiamo modificare noi stessi. L'altro si modificherà di conseguenza.

Tutte le tecniche di comunicazione, di persuasione e l'assertività, sono di fatto basate su tale paradigma e ogni scambio efficace lo contiene: «*non hai capito niente di quello che ti ho detto*» → «*forse sono io che mi sono spiegato male*».

Talvolta, come anticipato, le routine mortificano le buone intenzioni e resistono alla loro sostruzione, in mancanza di alternative o di alternative conosciute. Alcuni modelli di interpretazione (come il modello Win-Win che vi abbiamo già proposto) ci consentono di monitorare la nostra comunicazione, le caratteristiche dei messaggi che emettiamo e valutarne gli effetti, facendone esperienza, esattamente come accade nel setting di psicoterapia, grazie ai protocolli che incorporano le relazioni di causa ed effetto e le relative spiegazioni che le definiscono.

Per questo motivo vi riproponiamo, approfondendoli, gli assunti dell'*Analisi transazionale*, che - oltre a costituire un valido modello terapeutico - si presta meravigliosamente per l'interpretare le criticità che si annidano nelle *transazioni* (la comunicazione e le implicazioni relazionali).

Il modello dell'Analisi Transazionale

Il già citato Eric Berne (Bernstein, in realtà), un medico e psicologo canadese i cui studi hanno dato vita a tecniche terapeutiche tutt'ora utilizzate (dalle terapie di gruppo agli Alcolisti Anonimi, dal Telefono

Amico), ci fornisce un eccellente modello per monitorare lo stile relazionale all'interno di un contesto comunicativo in cui possiamo trovarci impegnati.

Berne propone l'interpretazione delle relazioni complesse come dei "giochi", durante i quali gli attori simulano delle situazioni sul piano ludico, con modalità prodotte delle regole della relazione, degli attori e dal contesto, in forma mimetica rispetto alla situazione reale.

Il marito che angoscia la moglie, il capoparto che tormenta il suo collaboratore, il genitore che contiene l'esuberanza del figlio… inscenano un "gioco" in cui il detto riferisce a significati che possono essere molto lontani da ciò che realmente si vuol far intendere. Nella forma mimetica del gioco (che nulla ha a che vedere con la modalità infantile) si può agire su un piano in cui gli attori possono non sentirsi obbligati ad opporre le loro difese, poiché i significati vengono mimetizzati nelle regole che definiscono la relazione. Un po' come quando due pugili si affrontano sul ring, in ciò che può sembrare una lotta cruenta, ma senza che in realtà gli avversari vogliano ferirsi reciprocamente. Le antiche lotte per la sopravvivenza vengono in questo caso mimetizzate all'interno di una contesa sportiva con regole proprie.

Anche la relazione assistito-curante – come descritto - è mimetizzata nella forma del gioco che assume la forma del legame fra il genitore e il suo bambino. Quando l'adulto comunica all'infante inesperto la sua apprensione nel momento in cui questo si accinge ad esplorare il mondo – enfatizzando con il tono della voce e con le altre forme di comunicazione non verbale il suo atteggiamento – in realtà sta simulando una forma di relazione in cui le regole sono chiare, per quanto non sempre digeribili: «*io sono la mamma, tu sei il bambino, e pertanto farai sempre quello che ti dico io, fino a quando non lo deciderò io*». Talvolta il gioco può simulare alti scenari complessi: «*guarda che se non stai attento ti fai male, aspetta che arrivi la mamma!*», in cui il messaggio e l'enfasi possono rivelare che sì, il mondo è denso di pericoli, ma soprattutto che non può essere affrontato senza la presenza del genitore. Una regola che può condizionare le relazioni e le scelte successive del futuro adulto.

Perciò una forma di comunicazione simile a quella degli esempi appena riportati può simulare una relazione sovrapponibile alla relazione genitore-bambino in cui il primo stabilisce delle regole di interazione fortemente sbilanciate a favore di se stesso: «*tu sei il paziente, non puoi affrontare la situazione senza di me, affidati totalmente a me*».

Al di fuori del contesto di cura, tale modalità viene spesso preventivamente attuata (inconsapevolmente o meno) con lo scopo di annichilire l'interlocutore, imponendo una regola di sudditanza, obbligando l'altro a rinunciare a un ruolo attivo e paritario nella relazione.

Come abbiamo premesso, non intendiamo stigmatizzare o modificare i comportamenti, ma evidenziare le probabili conseguenze che sono giocoforza legate alle possibili variabili, per consentire scelte che in specifiche condizioni possono rivelarsi più opportune. All'interno del'ampia teoria di Berne, il modello dell'Analisi Transazionale ci consente perciò di individuare le regole del gioco per comprendere qual è lo scenario che si intende rappresentare in forma mimetica, con le sue relative implicazioni.

Secondo questo modello, le relazioni possono essere simulate in giochi in cui gli attori impersonano rispettivamente:

$$\text{adulto} \quad \leftrightarrow \quad \text{adulto}$$
$$\text{genitore} \quad \leftrightarrow \quad \text{bambino}$$
$$\text{adulto} \quad \leftrightarrow \quad \text{bambino}$$

E un'ulteriore forma mimetica:

$$\text{bambino} \quad \leftrightarrow \quad \text{bambino}$$

Quest'ultima è la forma del conflitto, in cui gli interlocutori perdono l'oggetto della comunicazione e il senso della relazione, fino ad arrivare al desiderio di annullare se stessi pur di annullare l'altro.

Secondo Berne, la relazione ottimale in cui entrambi gli interlocutori realizzano un vantaggio reciproco e cooperativo nella relazione è quella definita nel legame simbolico "aduto-adulto". In questa condizione la relazione non è sbilanciata, gli attori percepiscono che l'obiettivo può essere ottenuto solo in forma cooperativa e non hanno motivo per agire le proprie difese.

Questa modalità incorpora il vantaggio di far percepire di essere parte integrante della relazione con vantaggi che si possono sintetizzare in:

- maggiore collaborazione
- minore ansia, frustrazione e stress
- minore tendenza a stigmatizzare gli eventuali errori

Di come ottenere una forma di relazione cooperativa simulata nel gioco adulto-adulto pareremo fra breve, ma è facile intuire che richiede il coinvolgimento reciproco e l'eliminazione di qualunque sbilanciamento di potere.

La modalità opposta è proprio quella che corrisponde al gioco "adulto-bambino": in questa eventualità lo sbilanciamento di potere è evidente, viene eliminata qualsiasi forma di cooperazione e il paziente viene quasi del tutto annullato nella sua personalità.

Il modello di Eric Berne offre la visione su un'ulteriore modalità comunicativa e relazionale, interpretata in modo simbolico nella relazione "genitore-bambino". In questo caso si crea una relazione transitoria in cui l'uno accoglie l'altro e ha lo scopo di stabilire le regole di una cooperazione più duratura negoziando i rispettivi vantaggi senza creare la necessità di forme di difesa. Un po' quando il genitore compie la sua opera di educatore, o il maestro stabilisce delle regole o trasferisce pezzi di competenze o, allo stesso modo, il formatore illustra la sua materia ai discenti.

La relazione è ovviamente sbilanciata, ma ciò non sottrae vantaggi ad alcuno e gli obiettivi vengono raggiunti grazie alla cooperazione fra gli attori impegnati nel contesto comunicativo o nell'azione professionale.

Si tratta – come anticipato – di una modalità transitoria funzionale alla negoziazione delle regole e deve essere abbandonata appena gli interlocutori percepiscono che la forma cooperativistica non può essere mantenuta, se non parificando il peso di ciascuno nella relazione. Adottando ancora una volta la metafora dello studio medico, se un paziente si reca dal medico preoccupato del suo stato di salute, desidera essere confortato, così come un bambino spaventato si fa proteggere dalle braccia e le parole della mamma. Ma una volta dichiarata la diagnosi, se il medico desidererà ottenere l'impegno del paziente nella cura dovrà responsabilizzarlo considerandolo adulto, poiché i bambini rimandano la loro adultità proprio grazie al fatto che su di loro vegliano i genitori. Se il medico perdurerà con una modalità sbilanciata, non otterrà probabilmente lo stesso impegno e, in caso di difficoltà, anche una sorta di reattanza da parte del suo paziente.

Se trattiamo una persona come un bambino, inevitabilmente otterremo la risposta di un bambino.

Se non condivisa, tale modalità comporta una condizione che nella teoria della comunicazione e anche quella terapeutica viene definita *"squalifica relazionale"*: è messa in atto per negare il valore della persona, all'interno di una relazione fortemente sbilanciata, quella conflittuale fra due partner. Talvolta, assume livelli talmente distruttivi da ottenere l'attenzione clinica, che si manifesta con la richiesta di una terapia di coppia. In questo caso, nonostante i due siano consapevoli delle disfunzionalità comportamentali ed emotive, non sono in grado di comprendere che sono originate da una parte da una modalità comunicativa che non riconosce l'altro e dall'altra parte dall'incapacità di svincolarsene, accettandola come l'unica possibile o senza in essere in grado di individuare alternative.

In casi estremi, l'azione squalificante può arrivare ad un'azione di *depersonalizzazione*, che priva pertanto l'interlocutore della componente umana e la relazione di quella emotiva empatica, riducendo l'interlocutore ad una sorta di "oggetto sociale" e relazionandosi ad esso di conseguenza.

Evidenze di ciò si rintracciano in coppie "stanche", che hanno esaurito il loro progetto genitoriale o hanno investito eccessivamente su di esso, senza essere in grado di rinnovare il primario legame amoroso e restano unite solo per scopo di reciproco accudimento. Oppure proprio nella pratica medica, quando il curante prende in carico la malattia, senza considerare il paziente, come fosse un pezzo rotto da riparare.

Per quanto il modello dell'Analisi transazionale sia alquanto complesso e specialistico, l'intuizione di Berne di interpretare le modalità relazionali all'interno della metafora adulto-genitore-bambino, consente di monitorare le nostre interazioni ed i messaggi che emettiamo per anticiparne gli effetti, che possono risultare funzionali o assumere valenza contraria a seconda delle variabili che definiscono il nostro interlocutore, noi stessi e il contesto (anticipando ciò che illustreremo nella sezione successiva) in cui entrambi agiscono.

COME IL CONTESTO INFLUENZA LA COMUNICAZIONE

Per "*contesto*" intendiamo gli artefatti fisici ambientali le esperienze gli stili comunicativi fattori di personalità ed emozionali e in definitiva tutte le condizioni che agiscono sui differenti livelli di comunicazione.

Per esempio se ci richiamo da clienti alla reception di un nostro fornitore e la segretaria ci invita ad accomodarci nel salottino di fianco possiamo aspettarci che l'attesa sarà molto più breve che nel caso ci trovassimo in un ambiente simile ma a ruoli invertiti. Nel primo caso, infatti, molto probabilmente il nostro interlocutore si precipiterà quanto prima fuori dal suo ufficio per accoglierci calorosamente e per metterci a nostro agio ci offrirà anche un caffè. Nel secondo caso, prima di incontrare il nostro cliente dovremmo attendere che questi abbia concluso tutti gli impegni a cui si sta dedicando e se vorremmo discutere dei nostri affari con in mano una bevanda fumante dovremmo questa volta mettere mano noi al portafoglio.

Se veniamo giudicati petulanti e inopportuni probabilmente ci verrà persino precluso l'accesso al salutino che invece ci aveva accolto quando ci siamo presentati nella condizione di clienti.

L'esempio dimostra come lo stesso luogo e gli stessi comportamenti possano essere associati a valutazioni e significati molto diversi, persino opposti. Anche nel caso il livello esplicito della comunicazione non si differenzi affatto: in tutti i due casi citati, nell'incontrarsi, i due interlocutori potrebbero adottare la formula di circostanza: «*buongiorno, come va?*»

Filosofia, sociologia, antropologia, sociologia, psicologia e tutte le discipline che incrociano a vario titolo il fenomeno umano, osservandoli da scranni diversi, si sono interrogati sull'argomento, affascinati dall'idea che uno stesso messaggio possa veicolare significati diversi a seconda delle variabili che sono presenti nel contesto comunicativo, anche quando non sono visibili o sono fisicamente lontane (come il legame affettivo fra le persone).

Fra questi John Austin, uno dei maggiori rappresentanti della Teoria degli atti linguistici, oggi rivalutato nella controversa visione dell'Intelligenza Artificiale. La sua visione si sovrappone a molti altri studiosi e pensatori, a partire da Aristotele di cui il linguista inglese era estimatore. Ad esempio, Noam Chomsky, che viene considerato il più importante filosofo vivente, ma soprattutto psico-linguista, oggi quasi centenario, la cui importanza è sintetizzata dal fatto che appartiene a quel filone di studi da cui sono nati i comuni apparati informatici ma anche i sistemi che replicano il funzionamento del sistema cognitivo umano (celebre ed attualissima la sua gerarchia degli automi).

Per Austin, l'uso del linguaggio nella vita di ogni giorno è per definizione pragmatico cioè, rivolto all'adempimento di vari atti che per loro natura sono sociali. Le parole non soltanto descrivono, ma fanno (come richiedere, promettere, proibire...). Per questo lo stesso messaggio si articola su 3 livelli:

- atto *locutorio* (l'atto del parlare, che potremmo considerare la parte esteriore, esplicita della comunicazione, ciò che giunge effettivamente alle orecchie dell'astante)
- atto *illocutorio* (che si compie nel dire qualcosa, come l'utilizzo di una comunicazione sarcastica)
- atto *perlocutorio* (il senso e il significato elaborato da chi riceve il messaggio)

Abbandoniamo ovviamente la tassonomia specialistica, poco utile ai nostri scopi, ma appare evidente come il messaggio ed i codici che lo compone – per quanto condivisi e simili – non si limiti affatto alle procedure verbali e sintattiche ma acceda a dimensioni più profonde che variano in base alla circostanza e su cui convergono le visioni individuali e sociali di tutti gli attori impegnati sulla scena. Per esempio una persona può parlare della propria casa, ma il messaggio non è in grado di far comprendere che ne ha due e si riferisce a quella in cui risiede solitamente. Ciò può essere implicito nel messaggio ma solo se chi ascolta ne è a conoscenza.

Chi parla e chi ascolta contribuiscono pertanto contemporaneamente alla produzione del significato della comunicazione e qualsiasi effetto persuasivo sarebbe inconciliabile con una condivisione sovrapposta delle condizioni che consentono la comunanza di visioni.

Nelle comunicazioni più intime il non detto talvolta super il detto, perché la condivisione è ampia. In un contesto professionale non possiamo – al contrario – dare per scontato che gli artefatti dei significati siano altrettanto condivisi, poiché in alcuni casi tendiamo ad indossare "maschere" convenzionali (accedendo alla metafora di Ervin Goffman, secondo cui «*la vita è un teatro, dove il comportamento individuale è interpretabile alla luce dell'ampio contesto sottostante all'interazione simbolica faccia a faccia*»), che ostacolano la vista delle dinamiche e le convinzioni più personali.

Un po' come in alcuni ambienti molto formali è apprezzabile o richiesto indossare giacca e cravatta, ma noi – pur adeguandoci – preferiremmo un abbigliamento casual, più comodo e spontaneo. La frase: «*come sei elegante oggi!*», pertanto, in un caso potrebbe essere interpretata come un complimento, in un altro come una presa in giro.

Scusandoci per l'ennesima nota autobiografica, durante il primo incarico in ospedale avevo bisogno di un parere di uno specialista per un mio paziente. Comunicai alla mia responsabile la cosa e mi avviai. La collega, decisamente più esperta di me di queste prassi, mi fermò e mi chiese dove stessi andando senza il camice.

Risposi che, limitandomi alla reception del reparto, non ne avrei avuto bisogno. Mi avvertì che senza il camice avrei atteso per ore inutilmente in mezzo ai pazienti, cosa che in effetti era già accaduto.

Seguii il suo consiglio. Quando arrivai in reparto chiesi del medico e questi mi accolse dandomi del «tu», nonostante non ci fossimo mai incontrati, e mi concesse di entrare immediatamente senza passare per la sala d'attesa.

Quando ascoltiamo o leggiamo un messaggio, pertanto, quando lo estrapoliamo da elementi simbolici che conducono ad esso, non possiamo esimerci da condividere almeno in parte il mondo esteriore ed interiore di chi l'ha creato, per comprenderne il senso. Un po' come guardare un capolavoro di Vincent Van Gogh senza sapere chi l'abbia dipinto. Potremmo godere dei virtuosismi artistici ed estetici, ma conoscere la storia di chi li ha immaginati ci consente anche di comprendere l'aspetto relazionale che incorpora, cioè ciò che l'autore voleva che gli altri scoprissero di lui e del suo mondo interiore. Potremmo rimanere catturati dalle luminosità dell'immagine, dalla folgorante nuance, e ipotizzare che l'autore volesse condividere la piacevolezza dell'ambiente luminoso che intendeva ritrarre, prima di conoscere, inoltre, che l'artista fiammingo era affetto di daltonismo e il giallo, in realtà, non era compreso nel suo mondo percettivo ed emotivo, almeno non nella stessa misura del nostro.

Susan Fiske ci informa che «*il gusto della mela dipende dalla mela quanto dall'assaggiatore stesso*». Il suo aspetto acerbo può creare l'aspettativa di un sapore acre e immaturo, ma deliziarci ugualmente se sconfina nei nostri gusti.

Pertanto, nessun significato è degno di senso se non può essere riportato nel mondo di chi l'ha emesso. Confidare o pretendere che sia simile al nostro corrisponde ad assaggiare la mela senza poter distinguere il sapore, limitandoci a giudicarlo dal colore dell'epicarpo. Ma in verità è proprio ciò che facciamo costantemente, anche perché il nostro mondo è decisamente più rassicurante di quello altrui. E oltretutto più disponibile, non richiede il dispendioso impiego di risorse cognitive per essere colto e perciò ci riferiamo ad esso per eseguire confronti, non disponendo di categorie di riferimento oggettive.

L'esempio riportato nella pagina successiva illustra in una situazione reale quanto discusso fin qui in questa sezione. È confezionato per questo scopo, ma è comunque tratto da una circostanza reale, raccontata nel corso di un colloquio terapeutico.

I nostri due testimonial, una coppia di giovani appena formata, ai primi approcci, in cui entrambi si sperimentano in occasioni che simulano la vita futura, se il progetto si realizzerà.

Una domenica decidono di passare insieme la giornata al mare. La gita si rivela piacevole e dopo il tramonto lui l'accompagna a casa:

Atto *locutorio*	Quello che dico:	*«Oggi è stata proprio una bella giornata!»*
Atto *illocutorio*	Quello che penso:	*«Sto bene quando sono insieme a te»*
Atto perlocutorio	Quello che voglio che tu intenda:	*«Vorrei che tu stessi sempre con me»*

Ipotizziamo invece (come purtroppo è accaduto ai nostri utenti), che le cose non siano andate proprio così bene. Solo all'arrivo sulla spiaggia lei ha confessato di odiare avere così tanta gente attorno. A pranzo lui l'ha convinta ad entrare in fast-food mentre lei avrebbe preferito pietanze a base di pesce e specialità locali. Non hanno tardato a litigare e affidare all'altro la responsabilità delle incomprensioni.

Rientrando, lui non riesce a dire che la giornata e l'intesa sono state disastrose, e utilizza una *comunicazione sarcastica*, dire qualcosa di diverso rispetto a ciò che si vuole fare intendere, ma anche lo scopo di ferire o punire qualcuno.

Atto *locutorio*	Quello che dico:	*«Oggi è stata proprio una bella giornata!»*
Atto *illocutorio*	Quello che penso:	*«Sto male quando sono insieme a te»*
Atto perlocutorio	Quello che voglio che tu intenda:	*«Vorrei che tu stessi sempre lontana da me»*

Come si può vedere, i due atti comunicativi non si differenziano al livello locutorio e un osservatore esterno non sarebbe in effetti in grado di coglierne la differenza. Ma ai livelli più impliciti il contesto, l'esperienza e le attivazioni emotive fanno nettamente divergere i significati.

Lasciando i nostri due amanti mancati a destini altrettanto divergenti, la nostra cultura, e il linguaggio che è al suo servizio, utilizza sovente modalità ellittiche, cioè poco pragmatiche e che si allontanano dal senso del discorso, che può apparire criptico e richiede l'inserimento di ulteriori elementi per essere compreso. Il sarcasmo, in questo caso, può essere utilizzato sia per evitare un senso scomodo o pungente («*Come è andata la partita ieri?*», «*Abbiamo perso 3-0*», «*Accidenti che forti che siete!*»), o per evidenziarlo, ingrandendone l'effetto («*Ho paura a prendere l'aereo, preferisco l'automobile...*», «*Eh già, infatti ogni giorno cade un aereo, mentre incidenti stradali non succedono mai!*»)

In entrambi i casi, gli interlocutori si muovono nello stesso contesto, in caso contrario il senso del messaggio non sarebbe colto. Lo stigma contenuto nel messaggio è nel primo caso ammorbidito (l'alternativa era: «*Accidenti che scarsi che siete!*» o qualcosa di simile, nel secondo enfatizzato: «*Si proprio uno sciocco a pensare che l'aereo sia più pericoloso dell'automobile*». Nel primo caso il contesto amicale provocherà probabilmente una risata, nel secondo quello censurante il rinforzo della perturbazione fobica.

Per concludere, e per superare la necessità di sintesi, riportiamo una tabella che riassume e puntualizza l'argomento.

Parlando di "contesto", pertanto, ci riferiamo e nella nostra conversazione dobbiamo inglobare elementi che fanno riferimento a:

Ambiente. Luoghi diversi possono stimolare tipi diversi di comunicazione e modificare i significati. Nella sala d'aspetto del dentista le persone non amano scambiarsi comunicazioni, in quella del parrucchiere non è praticamente concesso restare in silenzio.

Distanza/prossimità. La prossimità o la lontananza fisica può influenzare la qualità della comunicazione. La Teoria della prossimità spaziale informa che le persone sono più propense a sviluppare relazioni con coloro che sono fisicamente più vicine, ma anche che concediamo di avvicinarsi esclusivamente alle persone che sono affettivamente più vicine a noi.

Norme culturali. Le norme e i valori culturali influenzano fortemente come le persone comunicano. Ad esempio, in alcune culture, il contatto visivo diretto è segno di rispetto, mentre in altre può essere considerato inappropriato o aggressivo.

Ruolo sociale. Le aspettative legate ai ruoli sociali (il genere, l'età, la posizione lavorativa) possono determinare le modalità di comunicazione. Ad esempio, in alcuni contesti, chi detiene una posizione di potere può dominare la conversazione agendo sulla punteggiatura, influenzando la dinamica delle relazioni.

Reti Sociali. Le relazioni sono influenzate dalle reti di contatti in cui gli individui sono inseriti. Le dinamiche di gruppo, la pressione sociale e il supporto o l'isolamento all'interno di queste possono avere un impatto significativo sulla comunicazione e sulle relazioni interpersonali

Tecnologia. La tecnologia determina il canale con cui la comunicazione viene veicolata, agendo sul senso e il significato, ma anche creando reti sociali (come quelle che si radunano nei diversi social network) che assumono regole e linguaggi propri, talvolta divergenti.

In relazione a questo ultimo punto, che richiederebbe uno spazio notevole per essere approfondito, abbiamo già avvertito della frequente incomprensione che lega i sistemi di comunicazione digitale ad una maggiore affidabilità nel trasferire e comporre il senso della comunicazione. In realtà avviene l'esatto contrario, poiché il sistema matematico binario su cui si basano prevede la scomposizione dell'informazione, che per questo viene notevolmente semplificata, e successivamente ricomposta da un software secondo codici propri. Ad esempio il protocollo //http che compare sulla barra del browser di navigazione è un sistema di decodifica delle informazioni disponibili nella Rete Internet. Un client di posta elettronica consente di riprodurre in codici condivisi i messaggi verbali inviati da qualunque parte del mondo, in modo estremamente efficaci, trasferendo anche allegati e immagini.

Ma non può certo trasferire anche la componente emozionale che fornisce senso e significato al messaggio e che ha ispirato chi lo ha composto. Mancando questa componente, non è possibile cogliere per intero il senso del discorso e condividerlo. Più spesso un messaggio può essere frainteso, generando una situazione di conflitto proprio perché si dà per scontato che le visioni siano completamente sovrapposte.

Nel corso delle nostre consulenze nell'ambito della comunicazione, soprattutto in ambienti complessi ad elevata interazione persona-macchina e macchina-gruppi di persone, sconsigliamo di affidare ad una e-mail una comunicazione che riveste una particolare importanza, preferendo in ogni caso una comunicazione analogica. L'esperimento che proponiamo – basato anche in questo caso in esperienze vicarie - è il seguente: ipotizzate di trovarvi invischiati in un litigio con un collega, un cliente o un fornitore con cui si è creata una incomprensione. Siete convinti di avere ragione e siete arrabbiati perché l'altro si è comportato in maniera scorretta e pensate: «*adesso gli mando una mail e gliene dico quattro!*». Producete pure la mail, se volete anche per dar sfogo alla frustrazione, scaricando sulla tastiera del PC tutta la vostra collera, ma non inviate immediatamente il documento. Archiviatelo e lasciate passare almeno una notte, se non due. Poi riprendetela e, rileggendola, valutate ora se sia ancora il caso di trasmetterla.

Nessuno lo fa mai e il motivo è presto detto: nel corso della notte si sono attivati i "meccanismi riparativi" di cui è fornito il sistema nervoso e si è disinnescata l'attivazione ansiosa. Mancando di questa componente, non riconosciamo più il senso del discorso che noi stessi abbiamo prodotto e razionalmente siamo in grado di individuare le conseguenze della nostra azione, cosa estremamente difficile se condizionati dall'azione destrutturante dell'ansia, che può manifestarsi in diverse configurazioni, come la rabbia e l'aggressività.

Certo, i fatti che abbiamo citato nel testo si sono effettivamente verificati e le parole che li descrivono sono tutt'ora valide. Ma il mondo a cui sono associate non esiste più.

Così, dopo aver inserito la mail nel cestino, potremmo persino decidere di comporre il numero di telefono dell'altra persona e tentare una mediazione soddisfacente. Certo, non sappiamo se questa verrà accolta, ma pensate come sarebbero andate le cose se avessimo inviato quella mail; sicuramente non avremmo ottenuto alcun risultato positivo.

Il rischio di incomprensione è tanto maggiore quanto è alto il sistema di sintesi del canale digitale: non solo nel campo professionale ma anche in quello affettivo sempre più si affidano messaggi sensibili a chat di messaggeria come WhatsApp o Telegram, decisamente confortevoli ma altrettanto pericolosi, per il rischio elevato di creare incomprensioni.

Per congedarci definitivamente dall'argomento, ricordiamo un momento di dileggio durante un corso di formazione in cui veniva illustrato proprio questo ultimo argomento.

Un partecipante, con espressione ispirata da ironia e un ricordo amaro, concluse: «se avessi avuto prima i tuoi consigli a quest'ora avrei ancora un lavoro e una moglie!».

APPRENDERE DALL'ESPERIENZA

L'esperienza è l'insegnante più importante che incontriamo nel corso della nostra vita ma purtroppo – come tutti i maestri – tendiamo a non dare il giusto peso all'insegnamento ricevuto fino a quando non abbiamo riscontro dell'effettivo suo valore.

Gli *incidenti* (inteso come deviazione del percorso rispetto alle nostre previsioni o aspettative) non accadono perché si sono verificate situazioni che non hanno possibilità di verificarsi (il fatto stesso che si generino lo dimostra) per cui non possiamo disporre di strumenti di risposta. In realtà si generano perché non siamo stati in grado di riconoscere e reagire a situazioni che abbiamo conosciuto molte volte in precedenza (anche se sotto altre forme) e che non abbiamo tradotto in esperienze e risposte efficaci, poiché non abbiamo attribuito sufficiente valore a questo insegnamento.

Talvolta nel mondo complesso non riconosciamo le esperienze come tali e tendiamo a replicare le situazioni che le hanno generate. Diamo per scontato che ciò che abbiamo appreso sui libri ci consenta di gestire, fornendoci sufficienti competenze, le più svariate situazioni. In realtà, la natura non ha previsto affatto modalità di apprendimento che potemmo definire "scolastiche", che prevedono il sistematico trasferimento di informazioni sperando che poi queste permangano nella nostra memoria procedurale. Se così fosse, saremmo in grado di replicare un esame universitario sostenuto anche solamente qualche mese fa, salvo constatare che delle informazioni così faticosamente immagazzinate permane ben poco. Ma non abbiamo dimenticato con la stessa facilità ad andare in bicicletta e sappiamo benissimo che dalla bicicletta si può cadere e persino ammaccarsi seriamente, anche se per fortuna questo non è accaduto a noi.

Il mondo evolutivo ha creato infatti per noi due sole modalità di apprendimento, entrambe basate sull'esperienza, di tipo *diretto* (cioè quella che ha visto noi stessi protagonisti) o *vicaria* (cioè osservando gli altri). Due componenti che talvolta non si verificano sufficientemente efficaci al di fuori dell'ambiente evolutivo, evidentemente semplificato – anche sotto il profilo relazionale – rispetto a quello post-moderno che caratterizza le società occidentali e industrializzate.

Così, tendiamo a replicare sempre gli stessi errori, e questi ne generano altri, e cerchiamo spiegazioni che non risultano disponibili perché non siamo in grado di collegare l'esperienza (cioè le situazioni vissute) ai suoi insegnamenti e creare regole che definiscono le relazioni fra le due componenti. Al punto che, talvolta, qualunque regola disponibile appare inconsistente, incapace di fornire spiegazioni o di fornire spiegazioni plausibili, generando persino disfunzioni psichiche e la necessità di ricorrere ad un terapeuta.

Ad esempio, una ragazza che si lamenta del fatto che non riesce a mantenere a lungo una relazione amorosa, può scoprire che ciò deriva dalla replica delle modalità del padre, che ha abbandonato la famiglia quando lei era adolescente, maturando la convinzione che gli uomini sono inaffidabili, che ti lasciano e non vale la pena legarsi a loro, per non sperimentare la stessa sofferenza già conosciuta da lei e dalla madre. Ma facendo ciò replica in realtà gli stessi errori che si sono generati nella coppia di genitori, attivando una modalità evitante. Persino gli atti comunicativi dei partner così presto allontanati entrano i ricordi delle violenti liti fra il padre e la madre.

In realtà, un'esperienza adattiva non insegna ad evitare le relazioni amorose, replicando gli errori che le distruggono, ma ad individuare gli errori che portano alla separazione e sottrarsene. Se si considera più soddisfacente una unione di coppia rispetto ad una vita in solitudine, un comportamento di evitamento non può certo essere considerato un'esperienza adattiva.

I nostri meccanismi cognitivi tendono – nell'ambiente moderno e in parte indefinibile – a non accantonare eventi non significativi (se non in termini di un ricordo volubile e non permanente) che cadono nell'oblio poiché non sono associati ad un significato idoneo a produrre, a seguito dell'attivazione emotiva sottocorticale, una risposta efficace per gestire o anticipare il "pericolo", reale o simbolico. Nella vicenda sopra citata (non solo reale, ma ricorrente) viene considerata significativa la vicenda della separazione ma non tutti gli eventi che l'hanno generata. Così come, se siamo coinvolti in un incidente guidando l'automobile questo l'evento perdurerà nella nostra memoria, ma non gli eventi che lo hanno provocato. E, allo stesso modo, accantoniamo e affidiamo all'oblio dei sistemi mnemonici eventi che non hanno generato una situazione significativa, ma che per circostanze che potrebbero non essere presenti in un prossimo futuro. Se (tornando all'esempio stradale) chi incrocia la nostra traiettoria riesce ad arrestarsi un attimo prima dell'impatto, il *quasi incidente* non ha il potere di sollecitare attivazioni emotive che attivano comportamenti coerenti con l'esperienza.

Di conseguenza, perdiamo irrimediabilmente la possibilità di apprendere pezzi importanti del mondo.

Lo stesso avviene nell'ambito comunicativo: se si genera un conflitto, ricordiamo l'incomprensione e dimentichiamo i motivi che l'hanno generata. Non siamo pertanto in grado né di sedare la divergenza né evitare che si replichi in futuro in circostanze similari, perché non siamo in grado di individuare un legame coerente con quelle precedenti.

Nell'ambito del modello terapeutico cognitivo-comportamentale, al paziente viene fornito uno strumento facilmente manipolabile che consente di dare effettivo valore all'esperienza e individuare regole più adattive rispetto a quella più facilmente disponibile, come le varie forme di evitamento. Nei contesti organizzativi la metodologia si avvale di dinamiche di gruppo (come i focus group in cui vengono discussi gli eventi), nei contesti individuali le riflessioni possono essere comunque condivise con altre persone, per cogliere un più vasto pattern di valutazioni, o direttamente con gli altri attori implicati nel contesto comunicativo, anche se tale condizione appare evidentemente rischiosa e richiede la consapevolezza non solo dei rischi ma degli strumenti per contenerli. Lo strumento utilizzato nel setting terapeutico, che poi il paziente utilizza autonomamente fino a quando non affina sufficienti abilità, ha lo scopo di modificare le valutazioni e i comportamenti comunicativi disadattivi, sostituendoli con altri più efficaci, e si compone – nella sua versione più semplificata – di 3 parti:

1 – *osservazione*

2 – *discussione*

3 – *individuazione di strategie.*

1 - L'*osservazione* consiste nella descrizione dell'evento, degli scambi comunicativi, degli attori, delle implicazioni, dei vincoli e di tutti gli altri elementi riportati con modalità giornalistica, inteso sviscerate dalle implicazioni emotive che in questa fase devono essere riconosciute e isolate.

Se il compito risultasse complesso, aiutiamo i nostri pazienti nella sua esecuzione utilizzando il modello delle 5W, proveniente dal sistema del "quarto potere" anglosassone. Ogni "W" corrisponde ad una domanda, la cui risposta contribuisce a comporre una descrizione esaustiva dell'evento:

Who? (Chi?) - Identifica le persone coinvolte o interessate dalla notizia. Questo include non solo chi ha compiuto un'azione o chi è stato direttamente coinvolto in un evento, ma anche chi potrebbe essere influenzato da esso.

What? (Cosa?) - Descrive l'evento o l'azione che è al centro della notizia. Questa domanda mira a ottenere una descrizione dettagliata di ciò che è accaduto e nel nostro caso di ciò che è stato detto.

Where? (Dove?) - Specifica il luogo in cui si è verificato l'evento o l'azione. La localizzazione può essere fondamentale per comprendere il contesto della notizia. In questo caso vanno inclusi anche gli elementi che definiscono il contesto in cui si è svolto l'evento relazionale.

When? (Quando?) - Indica il momento o il periodo in cui l'evento o l'azione si è verificato. Questo aiuta identificare le sequenze degli eventi e collocarle successivamente accanto ai significati che hanno generao.

Why? (Perché?) - Cerca di spiegare le cause o le ragioni dietro l'evento o l'azione. Questa è spesso la domanda più complessa perché richiede un'analisi delle motivazioni e dei fattori che hanno contribuito all'accaduto.

2 – La *discussione* è una metodologia più o meno strutturata che ha lo scopo di porre attenzione su particolari importanti ma sfuggevoli attraverso la riemersione e la rivisitazione del ricordo. In ambito organizzativo si utilizzano focus group (una intervista di gruppo dotata di una griglia di svolgimento messa a punto da Kurt Lewin), interviste individuali, brainstorming ecc. Se non è possibile coinvolgere l'organizzazione o gli eventi in esame si verificano al di fuori di essa, o non è possibile coinvolgere altri attori, è utile – appena possibile – parlarne con qualcuno, raccontando gli eventi, chiedendo pareri anche a chi era estraneo all'evento, sollecitando reazioni emotive.

Se non è disponibile un interlocutore è sufficiente – riferendosi all'evento - produrre autonomamente risposte a domande come: «*Cos'è accaduto oggi? Che conseguenze avrebbe potuto avere? Cosa ha evitato che ciò accadesse? Cosa ho provato assistendo alla scena?*».

Può essere altrettanto utile riprodurre la scena immaginandola – anche senza utilizzare metodi sofisticati come la visualizzazione guidata - e ipotizzare, visualizzandoli a loro volta, più corsi di azione che avrebbero potuto prodursi in seguito all'evento, come ad esempio un impatto con conseguenze fisiche, materiali, economiche oppure possibili conseguenze sul piano della comunicazione e della relazione.

Tornando al modello anglosassone, alle canoniche 5 W, spesso si aggiunge una sesta domanda, *"How?"* (Come?), che chiede di spiegare il modo in cui l'evento o l'azione si è svolto. L'aggiunta del "Come?" fornisce una comprensione più dettagliata del processo o dei meccanismi che hanno portato all'evento comunicativo o all'azione descritta, cosa lo ha provocato, che vantaggio lo mantiene, cosa o chi potrebbero interromperlo.

L'importante, in questa fase cruciale, è impegnarsi ad identificare più possibili circostanze che hanno creato la situazione in esame, al fine di individuare relazioni di causa-effetto e, in definitiva, spiegazioni realistiche e non condizionate da attivazioni intra-psichiche.

3 - *L'individuazione di strategie*, fase conclusiva di questo modello, ha lo scopo di tradurre l'esperienza in competenze fissandole nelle strutture mnemoniche, accedendovi attraverso l'attivazione emozionale. Individuati i possibili corsi d'azione, attraverso la rivisitazione degli eventi, è possibile identificare strategie di risposta o anticipazione idonee e, visualizzandole, produrre esperienze con efficacia simile a quelle reali.

A supporto di ciò, varie sperimentazioni hanno dimostrato che vivere le esperienze sul piano reale e sul piano immaginativo, così come verbalizzarle intimamente utilizzando il dialogo interno, attiva in buona parte gli stessi circuiti neurali che viverle realmente. L'attivazione neurale si trasmette ai tessuti interessati che si modificano, creando connessioni in cui vengono immagazzinate le esperienze. Ciò costituisce il processo di apprendimento.

Le informazioni che non beneficiano di questo processo non hanno possibilità di essere trasformate in esperienze adattive, poiché vengono cestinate dal nostro sistema nervoso o destinate a magazzini mnemonici da cui non vengono recuperate le informazioni automatiche, come la memoria episodica. Senza tale processo gli eventi, se vengono mantenuti, possono essere interpretati secondo spiegazioni non reali o atteggiamenti consolatori o evitanti, che non corrispondono al nesso di causalità effettivo.

Grazie a questo o altri modelli, tutti gli eventi ci possono quindi mettere al corrente delle possibili conseguenze anche se queste non si sono – fortunatamente – espresse su livelli particolarmente elevati. Per questo scopo, è possibile riprodurre una tabella che contiene tutte le domande e le risposte contenute nelle tre aree, simile ala griglia utilizzata nell'ambito organizzativo e in quello terapeutico. In una colonna sono riportati pertanto gli eventi (ad esempio gli scambi comunicativi), in una le relazioni di causalità e in quella conclusiva le nuove strategie comunicative e relazionali da adottare.

Non vi chiediamo di portarla con voi per annotare ogni situazione comunicativa in cui vi trovate implicati, come talvolta imponiamo come compito ai nostri pazienti, ma di provare a compilarla in questa fase per scopi meramente didattici e per affinare la comprensione dell'argomento, provando a recuperare dalla memoria una situazione che avete vissuto o di cui siete a conoscenza.

Se tale condizione è condivisa con altre persone, potete sperimentare l'ulteriore modalità che consiste nel far utilizzare lo stesso strumento anche ad altri, ottenendo così un più ampio campo di osservazione e la dimostrazione che ogni evento e ogni scambio comunicativo, i significati ad esso associati, non contempla mail la possibilità che le valutazioni siano univoche.

In ogni caso, vi sollecitiamo a superare l'eventuale pigrizia e riportare effettivamente le vostre impressioni nella tabella scrivendoli di vostro pugno. Questa operazione costringe il sistema nervoso ad attivare una notevole quantità di meccanismi che sono implicati nel recupero e il collegamento di informazioni nella memoria con quelle che si sono create con l'osservazione, creando nuove connessioni sinaptiche, che favoriscono l'individuazione e i consolidamento di spiegazioni, strategie e decisioni.

IL MITO DEL "CAPRO ESPIATORIO"

Ansia, paura, stress, sensi di colpa, negazione della realtà quando questa può apparire insopportabile... Il mondo relazionale è complesso e non sempre le spiegazioni di ciò che accade è facilmente disponibile. Tuttavia, le persone non possono rinunciare fornirsi spiegazioni soddisfacenti e solitamente cercano di spostarle su altri, se queste sono per loro difficili da accettare, nel tentativo di sollevare il peso emotivo, talvolta eccessivo.

La possibilità di individuare un "capro espiatorio", pertanto, appare come un'occasione per ottenere spiegazioni agli eventi che allevino la responsabilità non tanto sull'evento, quanto sulle sue conseguenze.

Il mito del capro espiatorio affonda nell'antichità: alcune popolazioni di religione ebraica, in cerimonie rituali, sceglievano un capro nel gregge e lo trafiggevano con frecce e puntuali, ciascuno rappresentante delle malefatte, i vizi e i comportamenti malevoli che pesavano sulla comunità.
Il capro, successivamente, era fatto uscire dalla cinta del villaggio e la sua sofferta morte consentiva l'espiazione degli atti e l'attenuazione delle colpe.

Una delle documentazioni più antiche e note di questa pratica si trova nella tradizione ebraica, come descritto nella Bibbia (Levitico 16). Durante il Giorno dell'Espiazione (Yom Kippur), due capri venivano presentati al sacerdote; uno veniva sacrificato a Dio, mentre sull'altro venivano simbolicamente trasferiti i peccati della comunità, dopodiché veniva rilasciato nel deserto, portando via con sé tali peccati. Il rituale mirava a purificare il popolo d'Israele dai suoi peccati.

Il mito non è confinato in epoche lontane, tutt'altro. Nel corso del tempo ha assunto forme diverse, anche simboliche, ma tutte ispirate dalla necessità di portare all'esterno di gruppi organizzati di individui la responsabilità degli eventi che li riguardano. Analoghe pratiche si possono ritrovare in diverse culture antiche, dove animali, oggetti o persino persone venivano utilizzati come veicoli per la purificazione collettiva o per placare le divinità, adirate per i peccati commessi dai loro fedeli.

La modalità, per quanto non ritualizzata, viene utilizzata spesso nelle organizzazioni formali e spontanee (come le famiglie) per atti che comportano talvolta la protezione del gruppo, come nel caso in cui un manager venga allontanato dall'azienda per non aver mantenuto gli obiettivi, mentre è evidente che più spesso ciò accade per molti altri fattori o responsabilità contemporanea di molte altre persone.

La funzione del capro espiatorio, sia nell'antichità che nella modernità, sembra pertanto radicata nella necessità psicologica e sociale di trovare un ordine nel caos, di attribuire una causa semplice a problemi complessi e di rafforzare il senso di coesione all'interno di un gruppo, attraverso l'identificazione di un "altro" da cui distanziarsi. Tuttavia, questa pratica porta spesso a senso di ingiustizia e sofferenze, rinforzando la divisione piuttosto che promuovere una reale comprensione o soluzione dei problemi, che non vengono pertanto risolti.

Il mito consiste pertanto in una evoluzione complessa di strategia di evitamento, quando questa assume il livello sociale.

Scaricare la responsabilità delle disfunzionalità relazionali consente dunque una condizione consolatoria, illusoriamente riparativa, tutt'altro che efficace, mantenuta dalla convinzione che chi ha sbagliato sia stato eliminato e con esso il suo sbaglio e le conseguenze che ne derivano.

Nelle società moderne il concetto di capro espiatorio si manifesta in modalità meno ritualistiche, ma non meno significative, spesso assumendo forme sociali, politiche e intrapsichiche. Non è raro che, in situazioni di crisi o di tensione sociale, comunità o società, gruppi o e organizzazioni individuino membri o altri gruppi su cui proiettare colpe collettive, reali o meno, escludendoli o perseguitandoli come forma di catarsi collettiva o per distogliere l'attenzione da problemi più profondi.

Ne sono esempi le persecuzioni di gruppi etnici, religiosi o sociali, che sono stati spesso usati come capri espiatori per spiegare mali collettivi. Esempi noti sono le persecuzioni degli ebrei in Europa, culminate nell'olocausto durante la seconda Guerra Mondiale.

Forme riconducibili al mito si rintracciano nella retorica politica: è comune individuare un "nemico" esterno o interno da incolpare per problemi sociali o economici, spostando così l'attenzione dalle cause reali, cosa che tuttavia impedisce di individuare una soluzione concreta e mantiene all'infinito il problema.

Anche in contesti più ristretti, come il luogo di lavoro o le relazioni familiari, si possono identificare dinamiche di capro espiatorio, dove singoli individui vengono incolpati per problemi collettivi o di sistema

Ma pensare che in realtà le cose stiano così e che la situazione si sia magicamente risolta nel momento in cui chi viene individuato come responsabile di ciò viene punito con l'allontanamento (non più nel modo del nostro povero caprone, per fortuna...) consente che le colpe degli altri si dissolvano o risultino fortemente attenuate.

Chi viene individuato come capro espiatorio, in realtà, viene scelto con cura. Il criterio è isolarlo dal branco, per impedirgli di contare su di esso, mentre a sua volta si troverà di fronte un gruppo coeso, al quale non potrà contrapporsi. Nel gregge, non viene sicuramente candidato al crudele rituale chi si ribella, chi prende a cornate il suo aggressore o gli rende eccessivamente difficile stringergli una corda attorno al collo. Al contrario, verrà scelto più facilmente il membro più debole, incapace di reagire, accondiscendente i inviso al resto del gruppo.

La famiglia che si scaglia – talvolta con violenza – verso un suo membro colpevole di un atto contrario alle sue regole, non prenderà in considerazione il fatto che non è l'unico componente dell'organizzazione e probabilmente in essa non ricopre ruoli decisionali, ma – sentendosi parte della stessa organizzazione, poiché in qualche misura la compone – scaricherà sul malcapitato la responsabilità di tutti, assolvendosi a sua volta.

Nell'ambito terapeutico la vittima di tale circostanza viene denominato *"paziente designato"*, poiché sono proprio gli altri membri della famiglia che attivano meccanismi inconsapevoli per scaricare su un suo membro le disfunzionalità del gruppo, proteggendolo da funzionamenti distruttivi. Ad esempio, una coppia in crisi può allontanare una dolorosa separazione sulla promessa di accudimento di un figlio che presenta una qualche forma di disagio, impedendone la risoluzione o il miglioramento, in seguito al quale i partner non avrebbero più motivo di stare insieme e si condannerebbero alla solitudine.

Tali dinamiche si attivano anche quando i legami fisici sono interrotti, ma permangono quelli affettivi: la madre rimasta vedova che impedisce al figlio di farsi una vita propria, creandosi una nuova famiglia e lasciando a casa, stravolgendo il senso della relazione in un devastante senso di colpa che origina in una condizione particolare, non contemplata specificatamente nei manuali diagnostici, ma che abbiamo spesso osservato, al punto che abbiamo le abbiamo noi stessi il nome di *"Sindrome dell'ultimo genito"*, poiché riguarda l'ultimo figlio che lascia i luoghi della famiglia di origine.

Così, nelle lamentazioni della madre si individuano le modalità disfunzionali, ma che hanno uno scopo ben preciso: «*non sto bene, sento che sono sempre più debole*», «*sono sempre sola, non vieni mai a trovarmi*» (anche quando il figlio è sempre disponibile), «*se sto male non c'è nessuno che mi aiuta*», «*non mi piace quella donna che ti vuoi sposare*» e così via.

Tali verbalizzazioni, per quanto in una certa misura giustificate, sono prodotte o enfatizzate per creare una dissonanza fra i compiti sociali del figlio (creare una famiglia autonoma) e quelli familiari (accudire la madre) e ciò può generare intensa sofferenza, causata dall'incapacità di interpretare i codici comunicativi.

Così come in una coppia relativamente matura, in cui lui si allontana non riuscendo a gestire la responsabilità di diventare padre, espresse in modo sempre più pressante dalla compagna, ora che la sua finestra biologica si sta chiudendo. E fino a quando entrambi erano impegnati nella carriera, nei viaggi, nelle relazioni amicali, tutto funzionava, per poi precipitare improvvisamente, per decisione unilaterale, inappellabile, spiegata con: tu mi soffochi, hai deciso tu di venire a vivere qui, o addirittura mi hai tradito, tutte circostanze che non hanno il minimo riscontro nella realtà.

Così la donna si trova angosciata di fronte alla conclusione di una lunga e solida relazione, senza esserne in grado di spiegarsene i motivi, e il crollo del suo progetto di donna e di madre, sviluppando disturbi nello spettro dell'ansia ansia e un disturbo post-traumatico da stress, con irruzioni continue nei pensieri di flash-back contenenti le parole devastanti con cui lui ha manifestato e giustificato i suoi propositi.

Talvolta la modalità è talmente devastante da generare *disturbi da conversione* (una forma di somatizzazione in cui un disturbo mentale viene involontariamente convertito dal soggetto in un sintomo fisico), che abbiamo spesso incontrato in forme parossistiche: un giovane assediato da una madre castrante, che gli impedisce di diventare adulto temendo che si allontani, pur restando bambino nel fisico e nello spirito sviluppa una patologia neoplastica ad un testicolo, simbolo della virilità negata. Così una giovane ragazza al quale il genitore impedisce il desiderio di maternità, colpita da una grave patologia alle ovaie.

I due giovani hanno trovato soluzione dei loro mali curando la relazione genitoriale, individuando e modificandone le disfunzionalità, prima dei tessuti colpiti dalla malattia.

Il potere della comunicazione, pertanto, è così profondo da generare malattia e, contemporaneamente, ha il potere di curarla. Se la prima condizione origina nell'impossibilità di fornirsi di spiegazioni plausibili, come di essere la convergenza di disfunzionalità che qualcuno vuole allontanare da sé, la seconda è basata sull'identificazione dei significati e delle intenzioni celate negli scambi comunicativi, per disinnescarne gli effetti, individuando nuove modalità che siano funzionali al mantenimento dei vantaggi reciproci, anche quando questi sono prodotti o condizionati da disfunzionalità, come fobie sociali o immaturità relazionale.

COMUNICARE CON I COLLEGHI

Se facciamo riferimento alla nostra esperienza terapeutica, le motivazioni prevalenti per cui le persone richiedono supporto psicologico, salvo il caso di patologie franche ascrivibili al malfunzionamento delle strutture nervose causato da difetti nel sistema di neurotrasmettitori che non dipendono da circostanze di vita, fanno riferimento a dinamiche relazionali che nella maggior parte dei casi originano nel contesto familiare e nelle relazioni più intime.

Un numero inferiore, ma significativo (almeno dal nostro punto di osservazione) riguarda condizioni conflittuali che si manifestano nel contesto professionale.

Tuttavia, durante l'anamnesi e la raccolta dei dati dei pazienti, la loro storia di vita e le valutazioni iniziali, emerge – soprattutto in questa recente fase storica e in particolare dalla disastrosa sequenza di eventi che hanno riguardato la crisi pandemica da Sars-Covid-19 – una condizione di generale sofferenza riferita al mondo professionale che in qualche caso si estende alle dinamiche familiari. Per quanto gli stessi pazienti fatichino ad interpretare le loro difficoltà di natura relazionale come l'esito delle disfunzionalità professionali, talvolta accade proprio che la crisi del lavoratore diventi la crisi della persona, mentre risulta più rara la circostanza contraria.

Non possiamo e non pensiamo sia interessante sostenere questa osservazione con dati numerici, ma è evidente che stiamo attraversando una fase in cui i valori panlavoristici delle società post-industriali sono fortemente in crisi. Se i boomer, i nativi degli anni '60, si riconoscevano principalmente per il loro ruolo sociale (e, incontrandoci, ci presentavamo dichiarando la nostra professione prima del nome: «*buongiorno, sono il ragionier Pinco*», «*...sono il geometra Pallo*», «*...il dottor. Caio*», «*...il perito Sempronio*» e così via) oggi l'investimento emotivo nel ruolo professionale è sicuramente meno importante.

Le persone non sono più disponibili a concedere la loro intera esistenza ad un'ideale professionale. Il progetto di vita non è più indissolubilmente legato al progetto professionale.

Tuttavia, le regole organizzative e del mercato del lavoro non si sono modificate sostanzialmente dagli anni del boom economico, che ha creato un mondo e un assetto sociale finalizzato quasi esclusivamente ai processi produttivi (si pensi che solo in quegli anni sono state create le ferie, momento istituzionale di riposo per il lavoratore). Ma ciò ha sostanzialmente ridotto i gradi di libertà degli individui, che assoggettano i loro ritmi biologici alle esigenze della fabbrica, prevaricando quelli naturali (mangiamo quando siamo in pausa, non quando abbiamo fame, dormiamo quando è finito il nostro turno di lavoro, non quando abbiamo sonno, e quando avremmo voglia di coricarci, magari, dobbiamo recarci in ufficio).

Ideali di libertà è vincoli sociali, pertanto, si scontrano e in molti casi non sono conciliabili. Ciò crea dissonanza, si manifesta con una quantità importante di disturbi psichici (come burnout, workhaolism, presenzialismo...), poiché le persone si sentono rinchiuse in un ruolo sociale da cui faticano ad intravvedere una via d'uscita.

Entrano pertanto in conflitto con loro stesse e il loro ruolo sociale e professionale, e la crisi si estende a tutti i contesti relazionali in cui il lavoro è comunque trasversalmente e pervasivamente presente: si entra in conflitto con il padre che vorrebbe per noi un certo percorso di studi e una determinata carriera lavorativa, con il professore che ci impone nozioni di cui non riusciamo a individuare l'utilità, con il mondo del lavoro che sottrae linfa vitale alla nostra esistenza e infine con i colleghi, che rappresentano il tramite con il mondo esterno e quello interno.

Il discorso è ovviamente ben più complesso di quello che abbiamo cercato sinteticamente di rappresentare, ma la notevole quantità di casi di persone che si rivolgono ad uno studio terapeutico o rivelano successivamente difficoltà di relazione con gli altri attori professionali, rivela che in una certa misura, soprattutto in alcune categorie generazionali, si è probabilmente incrinata la prospettiva figlia delle degenerazioni precedenti che ingloba l'esperienza personale con quella personale.

Ed i colleghi rappresentano, di fatto, l'interfaccia di questo legame interrotto. Il capo incarna il ruolo del genitore minacciante che ti vuole riportare nelle regole mortificando la vocazione di libertà.

Il mercato del lavoro attuale non consente di spostarci facilmente da un ruolo all'altro o di sospendere il nostro impegno professionale, ma il fenomeno della *great resignation*, le "grandi dimissioni di massa" che si è manifestato in tutto il mondo (e in misura minore anche in Italia, forse a causa dei vincoli normativi) dimostra in qualche modo la crisi di un sistema a cui le persone reagiscono o con comportamenti come quello citato (ricerche recenti svelano che l'80% dei lavoratori italiani non è soddisfatta del suo lavoro) o sperimentando difficoltà psichiche e relazionali.

Talvolta, la crisi di qualcuno diventa la crisi di un altro e se un collega di lavoro manifesta difficoltà, attraverso i canali comunicativi questa si estende all'intero gruppo sociale. Di fatto, nonostante i cambiamenti descritti, il lavoro è ancora una condizione centrale nella nostra esistenza e la condiziona in maniera tutt'altro che marginale, modificando anche il contesto comunicativo che caratterizza l'esperienza professionale e di vita.

Quando una persona accede pertanto allo studio terapeutico o dichiara di "non andare d'accordo" con i colleghi, in buona parte questo rivela una crisi che non è ristretta al rapporto diadico fra i due attori, ma è ben più estesa.

Se il terapeuta può proporre soluzioni pragmatiche, come valutare di modificare radicalmente la prospettiva professionale, superando i comprensibili timori, in questo manuale non possiamo che limitarci a contenere la nostra trattazione sugli aspetti comunicativi, che regolano i campi relazionali, compresi quelli professionali, con i differenti attori organizzativi.

Con questo termine intendiamo in qualche modo tutte le persone che animano l'organizzazione, in ruoli differenti e nelle differenti linee gerarchiche. Se dovessimo riportate una statistica abbastanza generale, al di là dei valori che ovviamente sono differenti da contesto a contesto e sono dipendenti da altre variabili (come la storia dell'organizzazione, ciò che produce o i tipi di servizi che eroga), l'autovalutazione degli operatori pone in primo piano le difficoltà relazionali con i colleghi che condividono la stessa linea gerarchica, prima ancora che con superiori o preposti.

Tuttavia, la crisi raramente resta confinata e ciò deriva anche dal fatto che quasi mai le organizzazioni sono dotate degli strumenti di natura comunicativa per individuarla e contenerla. Se, ad esempio, due persone si accapigliano perché non sono d'accordo sulla modalità di eseguire un determinato compito e tale contrasto si estende al piano personale (come sempre accade quando il conflitto segue il suo naturale corso di azione) e si rivolgono al capufficio per chiedere di individuare una soluzione, difficilmente sono in grado di porre la questione come problema di natura organizzativa e non personale. Di conseguenza, non essendo in grado di interpretarla, il superiore reagirà più o meno così: «*è un problema vostro, non voglio che le vostre questioni personali entrino in azienda, vedete di risolverlo*», dimenticando che la disputa – per quanto abbia coinvolto le persone – si è originata da un difetto organizzativo.

Ciò non sorprende e si allinea con le verbalizzazioni che gli operatori concedono al di là delle indagini strutturate e apre il campo a notevoli riflessioni che possiamo sintetizzare in questi punti, scusandoci se, per necessità di sintesi, anche in questo caso possiamo dare l'impressione di banalizzare fenomeni, in realtà ben più complicati:

1. Il lavoro (come già ha intuito Sigmund Freud) è per natura una costrizione, regolata sul "principio di realtà": nessuno di noi lavorerebbe se avesse la possibilità di non farlo, per quanto in condizioni normali quasi tutti tendono a dichiarare il contrario.

2. Il lavoro è dominato da fenomeni sociali, più che tecnologici; a differenza degli altri contesti sociali, tuttavia, quello professionale è uno dei pochi in cui gli attori sociali che condividono spazi, tempi e comportamenti non sono sotto la nostra libera scelta.

In altre parole, sono altri che scelgono con cui dobbiamo relazionarci e la scelta contempla la decisione aprioristica che con gli altri dobbiamo andare d'accordo, indipendentemente dalle caratteristiche e dalla volontà di ciascuno.

3. Il mondo del lavoro non rispetta il "principio di equità sociale": veniamo pagati per il tempo che passiamo sul posto di lavoro, non per il nostro impegno e per il valore che apportiamo; di conseguenza, percepiamo che c'è sempre qualcuno che si impegna e vale meno, ma viene ricompensato nella nostra stessa misura. Così regoliamo il nostro impegno sulla media percepita del gruppo, con il risultato che ci sarà sempre qualcuno che ci infastidisce perché riteniamo valga meno di noi e qualcuno che si infastidisce perché ritiene che noi valiamo meno di lui.

Permangono altri contrasti, come il fatto che permane l'antica divisione fra chi possiede il capitale e chi la forza lavoro, per cui chi produce ricchezza non ne può godere e chi la possiede, sottraendola agli altri, la sottrae di fatto a sé stesso. Cercando di pagare meno i lavoratori per massimizzare i profitti agli imprenditori non fornisco loro la disponibilità per acquistare ciò che essi stessi producono e ciò pone un limite alla loro ricchezza. Perciò c'è sempre qualcuno verso cui ci rammarichiamo, perché limita il nostro accumulo di ricchezza, che è l'obiettivo che infaustamente ha sostituito quelli primari, come la salute, la socialità, l'esplorazione, il godimento stesso della vita, tutte cose a cui siamo disponibili a rinunciare per disporre di maggiore ricchezza. Ma rivelandosi questa una prospettiva effimera, genera invidia e conflitto.

Il mondo del lavoro è pertanto di natura litigioso, anche se poi ci capita di rivolgere la nostra rabbia, delusione, senso di costrizione, alle persone sbagliate, ma che risultano più vicine e disponibili. Come molte indagini dimostrano, il conflitto è proporzionalmente correlato all'investimento professionale. Pertanto, sono proprio le persone che investono di più nel lavoro che entrano in conflitto con esso, nel momento in cui le prospettive si rivelano illusioni.

In altre parole, siamo costretti a lavorare con persone che non abbiamo scelto noi e l'elevato investimento emotivo che caratterizza alcune professioni e alcune persone comporta che siano meno tolleranti e meno disponibili a modificare la propria visione, gli atteggiamenti ed i comportamenti per negoziarli con gli altri attori. Il fatto che lo stesso ambiente professionale, l'addestramento, lo stesso ruolo professionale in qualche modo ci inducano a non risolvere necessariamente ogni differenza di visione con un litigio non significa che le persone non ricavino disagio e che ciò non crei le condizioni per forme di conflittualità meno evidenti, ma comunque che possono fortemente condizionare i processi di lavoro e di vita. Così come possono ispirare alla creazione di forme di difesa, generalmente riconducibili all'evitamento del problema, soprattutto in assenza di disponibilità di risorse organizzative e sociali.

Così, quando non andiamo d'accordo con un collega, "chiudiamo" i rapporti con lui, negando, evitando la comunicazione. Con il risultato che, non coordinandoci e collaborando, dobbiamo sobbarcarci una parte di lavoro che altrimenti sarebbe condivisa e facilitata.

Le differenze di visione – che sono alla base di qualsiasi criticità relazionale e comunicativa – non sono una condizione accidentale, poiché nel contesto professionale operano numerose categorie di persone e su diversi livelli organizzativi e gerarchici. Non solo: talvolta i processi vengono progettati e coordinati da figure lontane dalla visione che riguarda il livello in cui operiamo (ad esempio, chi decide come un operaio deve eseguire un compito, di fatto, non lo ha mai eseguito a sua volta). Esistono inoltre figure intermedie, come i middle-manager, che devono necessariamente far combaciare visioni contrapposte, ma non sempre sono in grado di farlo.

Infine, in questa descrizione comunque parziale, non possiamo non considerare (e molti dati statistici ci inducono a farlo) che – e ciò è una caratteristica trasversale della maggior parte dei contesti professionali nel nostro paese – esiste tutt'ora la compresenza di due fenomeni contrastanti, come la femminilizzazione delle professioni e la presenza di uomini nei ruoli dirigenziali.

Se il secondo fenomeno tende progressivamente ad elevarsi, il primo tende ad attenuarsi. Ciò non comporta solamente la semplice conclusione che in qualche modo gli uomini comandano e le donne eseguono, ma il fatto molto più complicato che si contrastano necessariamente visioni contrapposte in categorie gerarchiche che in realtà dovrebbero essere armonizzate. Questi aspetti vengono considerati per la loro importanza solo da pochi anni, ma generalmente tendono ad essere sottovalutati, con il rischio di non prendere in considerazione fenomeni tutt'altro che irrilevanti.

Le sostanziali differenze di genere nella valutazione e l'azione sociale, comportano necessariamente visioni differenti. La dimostrazione è che quando chiediamo agli addetti quali potrebbero essere le strategie da richiedere e mettere in atto per gestire le criticità organizzative, gli uomini chiedono forme di supporto personale mentre le donne modalità sociali. Quando queste non sono disponibili, le donne sono molto più abili a crearne anche a livelli informali.

Per contro, i conflitti sociali fra donne (come ha rilevato un osservatore esperto come Edgar Schein) sono molto più complessi da gestire, poiché fanno riferimento ad aspetti che si installano molto profondamente nelle dinamiche antiche della competizione sessuale e non possono essere comprese a livelli espliciti (ciò che è detto e ciò che è fatto).

Aggiungiamo che un'organizzazione complessa si divide in differenti gruppi sociali e in ciascuno sono presenti obiettivi e leader, formali e informali e ciò genera ulteriori fenomeni come la polarizzazione delle opinioni, la tendenza a vedere più positive le caratteristiche dei membri del proprio gruppo e più negative, oltre che stereotipate ed enfatizzate, le caratteristiche degli altri gruppi (ciò che nell'ambito sociale viene definito *"l'errore fondamentale di attribuzione"*.

Ciò comporta che le criticità devono essere interpretate e gestite sia nel livello individuale sia in quello sociale e di gruppo.

Non esiste un modello specifico creato per fornire strumenti comunicativi efficaci nell'ambito professionale. Anche quelli che hanno avuto origine nell'ambito organizzativo (come il modello Win-Win che abbiamo già illustrato) si affidano ad una base teorica che in un modo o nell'altro è riconducibile al funzionamento dei neuroni, alle regole che definiscono le loro relazioni - in questo caso le proprietà chimiche dei neurotrasmettitori nello spazio sinaptico – così come, ad un livello superiore, le relazioni fra i membri di un gruppo e fra i gruppi sociali.

Per cui lo strumento "di lavoro nel contesto del lavoro" è ancora una volta l'assertività, che si presta come passe-partout per accedere a qualunque porta relazionale, connettendoci con chi sta al di là (non a caso, una delle tecniche persuasive più note, che successivamente illustreremo, si chiama *"piede nella porta"*).

Ma con una complicanza in più. O per lo meno, con un elemento di complessità che, seppur presente in qualunque contesto comunicativo, qui si presenta con peso ragguardevole. Come abbiamo cercato di descrivere, eccedendo o forse sconfinando in argomenti un po' periferici ai nostri argomenti, la disputa con il collega è in parte generata con l'antipatia che questo ci genera, ma in misura non trascurabile è la disputa con qualcun altro, ad esempio con il genitore che ci ha imposto un certo percorso scolastico e, di conseguenza, una determinata carriera professionale; oppure contro chi ce l'ha preclusa (magari proprio un collega che ha colto questa opportunità in vece nostra); infine, con l'idea stessa di trascorrere buona parte della nostra esistenza fra quattro mura che ci impediscono di vedere il mondo attorno a noi, osservato solo attraverso lo spioncino di una web-cam, impegnandoci a far diventare ricco qualcun altro.

A cui ci colleghiamo attraverso altre persone, su cui scarichiamo le nostre delusioni. Che, tuttavia, in misura forse differente, ma vivono loro stessi.

Nel momento in cui analizziamo un processo comunicativo, nel contesto e all'interno delle regole relazionali che lo definiscono, è pertanto necessario considerare anche tali implicazioni, poiché in questo caso il detto e il non detto divergono in misura notevole.

Gli esempi che seguono mostrano come la comunicazione conflittuale possa emergere da una varietà di situazioni lavorative, spesso aggravate da un approccio non costruttivo alla risoluzione dei problemi e dalla poca disponibilità di strumenti comunicativi. Pur senza considerarla una vera e propria esercitazione – come quelle proposte in altri casi - vi invitiamo a riflettere sugli item individuando le possibili implicazioni che condizionano gli scambi comunicativi, fornire loro una spiegazione che vada oltre il luogo e il momento in cui si sono generati, infine identificando delle modalità più efficaci che contengano l'esito conflittuale. Per fare ciò, vi stimoliamo ad avvalervi di tutti gli strumenti che abbiamo fino a qui illustrato.

Gli esempi si riferiscono ai più specifici di scambi comunicativi che possono portare a o esemplificare una comunicazione conflittuale in ambito lavorativo:

1. Feedback negativo espresso in modo inappropriato

Situazione: Durante una riunione di team, un manager esprime il suo disappunto per un progetto consegnato in ritardo.

Manager: «*Questo ritardo è inaccettabile. Non capisco come tu possa essere così irresponsabile. Ogni volta è la stessa storia con te*».

Dipendente: «*Mi dispiace, ma ci sono state circostanze...* ».

Manager: «*Nessuna scusa. Avresti dovuto gestirlo meglio*».

2. Conflitto di interessi non gestito

Situazione: In una discussione via email sulla distribuzione del budget annuale, i capi di due dipartimenti esprimono le loro esigenze in modo sempre più aggressivo.

Capo Dipartimento A: «*È chiaro che il nostro progetto ha un impatto diretto sui ricavi, quindi meritiamo una quota maggiore del budget*».
Capo Dipartimento B: «*Come al solito, pensi solo al tuo team. Non ti rendi conto che senza il nostro supporto, anche il tuo progetto soffrirebbe?*».

3. Mancanza di ascolto

Situazione: Durante una riunione per discutere di un nuovo progetto, un membro del team cerca di sollevare una preoccupazione.
Membro del team: «*Ho paura che il calendario proposto non tenga conto del tempo necessario per la revisione qualità*».
Capo progetto (interrompendo): «*Sì, sì, ne parleremo più avanti. Adesso concentriamoci sulle altre cose*».

4. Assunzioni e pregiudizi

Situazione: Un supervisore commenta con un collega il comportamento di un dipendente.
Supervisore: «*Hai visto? Paolo ha consegnato di nuovo in ritardo. Scommetto che non ha nemmeno iniziato fino all'ultimo minuto*».
Collega: «*In realtà, Paolo mi ha detto che ha avuto dei problemi personali seri la scorsa settimana*».

5. Comunicazione via email che degenera

Situazione: Scambio di email riguardo alla responsabilità di un errore in un report.
Email di Luca: «*Ho notato che il report include dati errati. Per favore, possiamo assicurarci che non si ripeta?*».
Risposta di Maria: «*Forse se le specifiche fossero state comunicate chiaramente, non ci sarebbero stati errori*».
Risposta di Luca: «*La responsabilità di verificare i dati era tua, non vedo perché dovrei ripetere le istruzioni ogni volta*».
Risposta di Maria: «*La responsabilità di fornirmi i dati corretti invece era tua, non posso perdere tempo a correggere i tuoi errori*».

6. Evitamento del conflitto

Situazione: Due membri del team discutono su chi debba assumersi una certa responsabilità, e il loro manager, Marco, decide di non intervenire.

Massimo: «*Penso che dovresti occuparti tu della presentazione, dato che hai più esperienza*».

Francesca: «*Ma io ho raccolto i dati. Non posso fare tutto io*».

Marco (pensa): «*Se la vedranno tra loro. Non voglio essere coinvolto*».

Come vedete, per quanto le parole confezionino messaggi differenti, negli scambi si rinvengono modalità non dissimili da quelli che vengono prodotti in altri contesti. L'ultimo punto, ad esempio, non vi ricorda in qualche modo il famoso esempio della spazzatura? («*Penso che dovresti occuparti tu della spazzatura...*», «*Ma io ho lavato i piatti...*»). Così come emerge una violazione di un principio di equità e – di fatto – del principio di cooperazione, alla base di una comunicazione efficace perché afferisce agli stessi artefatti sociali, su cui si basa qualunque comunità organizzata. Francesca, probabilmente, rifiuta il compito non perché è in corso una disputa personale con Massimo, come pensa il loro manager, ma perché percepisce che il livello di impegno richiesto è eccessivo rispetto a ciò che produce, che è lo stesso che ottiene Massimo, pur impegnandosi meno.

La soluzione dell'opposta visione e l'anticipazione del conflitto che ciò può generare, non passa attraverso il tentativo di ciascuno dei componenti di modificare il rapporto di forza nella coppia di colleghi, perché lo spostamento soddisferebbe uno a discapito dell'altro, né tantomeno evitando un compito imponendolo all'altro.

La dissonanza è ad un livello superiore, nel "contratto psicologico" che regola l'impegno del lavoratore rispetto al suo ruolo e ogni singolo compito all'interno di un'organizzazione. E ciò non può prescindere dalla stessa organizzazione, la cui interfaccia è Marco. E il suo rifiuto di intervenire, evidentemente non disponendo di adeguati strumenti di comprensione e azione, non può che rafforzare le visioni dei due colleghi.

COMUNICARE SECONDO I "TIPI" DI PERSONALITÀ

La trattazione di questa sezione si riferisce alle criticità che nella quotidianità professionale generano incomprensioni, evitamento, rugginosità sul piano comunicativo e operativo ma non si possono considerare veri e propri conflitti aperti (per i quali abbiamo predisposto un'altra sezione) poiché la gestione delle due condizioni risulta piuttosto differente. Siamo pertanto più interessati ad anticipare le situazioni conflittuali, invece che gestirle successivamente.

Premettendo che anche riuscire ad ottenere una trattazione esaustiva delle numerose criticità comunicative che possono condizionare i processi relazionali è compito non realistico – e anche in considerazione della necessità di rimanere su un piano di pragmatismo e realtà – desideriamo fornire un ulteriore modello che possa costituire uno strumento di lavoro quotidiano. Per apprezzare ciò che esporremo fra qualche riga, dobbiamo considerare la situazione "critica", intesa anche in questo caso genericamente come tutto ciò che si discosta dalle nostre previsioni (i comportamenti delle altre persone), come una condizione di malattia rispetto a quella di salute.

Se ci rechiamo dal medico perché lamentiamo una condizione di "criticità" rispetto a quella di salute (in altre parole, temiamo di essere ammalati), il professionista prima formula una diagnosi e poi propone una prognosi. La gestione della criticità relazionale segue in qualche modo la stessa procedura, vale a dire deve prima essere valutata la causa dell'effetto e successivamente progettata una modalità di intervento che possa agire sul sintomo – per lenire la sofferenza – o direttamente sulla causa, quando questo è possibile, in una prospettiva simile al paradigma della "ricerca-azione" di Kurt Lewin.

Come il medico, che dispone di modelli clinici, possiamo a nostra volta utilizzare uno degli strumenti disponibili per i nostri scopi.

Quello proposto è in effetti di derivazione clinica e consente un'analisi del contesto ad un livello che generalmente non è disponibile, fornendo poi le informazioni per creare strumenti assertivi per anticipare o gestire le criticità.

Il livello di analisi è quello personale. Abbiamo accennato al fatto che tali criticità - e successivamente i conflitti - emergono a causa dello scontro di visioni (individuali, di gruppi professionali, di gruppi di genere, di scale gerarchiche ecc.). Considerato che i gruppi sociali sono caratterizzati da obiettivi e ciascuno si raduna attorno a obiettivi coerenti con la propria visione in contesti formali (istituzionali e con regole esplicite) e informali (spontanei e con regole implicite), risulta ovvio che il livello individuale è comunque quello privilegiato per la nostra diagnosi.

Potremmo a questo punto domandarci da cosa è determinata – al livello personale – la differenza fra ciascuno di noi, nel valutare e agire nello stesso contesto. Le differenze della *personalità* di ciascuno comportano visioni differenti sul mondo, un po' come se noi lo osservassimo da punti differenti. Il mondo è lo stesso, ma ciascuno lo vede a modo suo.

Tuttavia, così come esistono differenze fisiche che possono essere radunate in categorie generali e invariabili (i biondi e i mori, gli alti e i bassi, i grassi e i magri) – i cosiddetti *fenotipi* – esistono anche categorie di personalità. Alle caratteristiche fisiche possiamo con estrema certezza abbinare altri attributi, pur non avendo avuto esperienza della loro presenza. Ad esempio, possiamo prevedere che una persona con la carnagione scura e i capelli neri avrà una modalità completamente differente di esporsi al sole rispetto ad una con la carnagione chiara ed i capelli rossi, anche senza che nessuno delle due ce ne informi.

Essere in grado di catalogare gli attori sociali entro categorie di personalità ci consente di definire con precisione diagnostica le loro valutazioni e anticipare i loro comportamenti, così come stringere relazioni causali (causa-effetto) senza ricorrere a spiegazioni ingenue, giocoforza meno precise.

Il modello proposto deriva dagli studi di Vittorio Guidano, un medico, neuropsichiatra e psicoterapeuta romano scomparso nel 1999. Il suo intuito ha consentito la produzione di una teoria di personalità che per le sue caratteristiche si presta eccezionalmente a compiere previsioni senza ricorrere ai complicati strumenti che, oltre ad essere disponibili solo per i professionisti, non sono adattabili a tutti i contesti. Il "Modello dell'organizzazione di personalità (o personale dei significati)" è quello che utilizziamo quotidianamente nella pratica clinica e che abbiamo adattato – unendolo all'esperienza professionale – anche di contesti organizzativi. Si basa sulla considerazione che i tratti che definiscono le categorie di personalità sono invariabilio e ogni categoria è definita da un tratto caratterizzante che organizza le risposte (valutazioni e comportamenti) nelle situazioni di vita.

Il modello ci consente, in altre parole, di intuire con ottima approssimazione la categoria di personalità a cui il nostro interlocutore appartiene e produrre le modalità più efficaci per interagire con lui.

Prima di proporre il modello, precisiamo che – scegliendo fra le differenti interpretazioni – per *personalità* intendiamo l'organizzazione di aspetti biologici (il temperamento), di socializzazione (relazioni precoci con le agenzie primarie come i genitori e secondarie come la scuola), di esperienze e competenze acquisite che definiscono uno stile di risposta prevalente agli stimoli ambientali. Ciascun individuo risponderà sempre in maniera differente, ma comunque all'interno dello stile definito dalla sua personalità.

La sua efficacia risiede proprio nella sua capacità predittiva, che abbiamo verificato negli ambiti in cui è stato applicato: sull'osservazione di una caratteristica che identifica una determinata categorie, possiamo abbinare ad essa molte altre caratteristiche che non sono immediatamente osservabili e prevedere i comportamenti di chi presenta tali caratteristiche.

Il modello dell'organizzazione personale dei significati

Per un utilizzo efficace vi invitiamo a considerare queste premesse:

1. Pur essendo un modello di derivazione clinica, considerare le caratteristiche ed i tratti come espressione di una condizione morbosa, come un difetto o un limite, è fuorviante e non utile rispetto ai nostri scopi.

2. Non esistono categorie migliori rispetto alle altre, ma solo differenze nei tratti e negli stili; nel corso dell'esistenza, ognuna di queste caratteristiche può costituire alternativamente un vantaggio come uno svantaggio nei differenti setting di vita.

Il modello si compone di 4 categorie, ciascuna delle quali definita da un tratto invariante (nel senso che non varia nel corso dell'esistenza e trasversale nelle varie situazioni di vita) che abbiamo riportato, sostituendo la terminologia clinica della versione originale.

Locus of control: esterno

Locus of control: interno

Le 4 categorie di personalità si distribuiscono in 2 macro-aree, definite dal *locus of control*. Con questo costrutto si intende lo stile prevalente con cui le persone attribuiscono cause e significati degli eventi, in particolare successi e insuccessi delle loro azioni. Il locus of control (luogo, centro di controllo) interno consiste nella tendenza ad attribuire a se stessi la causa dei propri successi e dei propri insuccessi; il locus of control esterno nel tendere sistematicamente a demandare ad altri la responsabilità degli eventi negativi in alcuni casi anche dei propri successi o degli eventi positivi (oltre alle condizioni intermedie riferite ad attribuzioni di auto-valutazioni positive o negative).

I tratti caratterizzanti di ciascuna categoria sono:

A) *Controllo*: si tratta di persone che definiscono l'ambiente secondo le loro azioni. In altre parole agiscono il controllo su di esso per minimizzarne la variabilità. Un modo efficace per prevedere il futuro – almeno per ciò che ci riguarda da vicino – è programmare gli eventi, avendo la relativa certezza che le cose andranno esattamente come abbiamo previsto. Si tratta, di conseguenza, di persone che ricercano la precisione e la pianificazione e non amano tutto ciò che si discosta dalle loro previsioni.

Tendono a rispettare le regole e pretendono che anche gli altri le rispettino, sono decisioniste e assumono compiono le loro scelte dopo aver ponderato le varie opzioni, raramente retrocedendo dalla decisione presa. Se vanno in vacanza, pianificano su un foglio Excel itinerari, orari, luoghi da visitare e ovviamente prevedono un piano B in caso di pioggia. Non sono previsti imprevisti.

Una caratteristica di questa categoria è quello di agire in maniera sequenziale; in altre parole, non eseguono più compiti contemporaneamente (nella convinzione che ciò ne pregiudicherebbe la qualità), ma li completano uno alla volta. Una volta che il compito è pianificato o eseguito il "file" viene chiuso e archiviato e si passa ad uno successivo; ad esempio, se chiedono ad un collaboratore di eseguire il compito, lo cancellano dalla "lista delle cose da fare" e danno per scontato che il compito verrà eseguito. Per questo tendono a valutare con estrema precisione a chi affidare la propria fiducia e a legarsi a persone che ritengono affidabili, ma nel caso tale fiducia venga tradita (e non occorre poi molto) possono escluderla definitivamente.

Se, in un ristorante, la cena non le soddisfa o il cameriere è scortese, non vi metteranno mai più piede.

Il tratto del controllo tende ad irrigidirsi nelle situazioni critiche e ciò si manifesta generalmente in una tendenza ad imporre la propria visione ed essere poco accondiscendente rispetto alle altre. Non agiscono sulla base di attivazioni emozionali, raramente si impegnano in dispute eccessive, ma tendono a caricarsi "come molle" e reagire in maniera che può apparire eccessiva nella condizione che giudicano come la classica "goccia che fa traboccare il vaso".

Tendono ad essere costantemente impegnate, odiano perdere tempo e non lasciano mai un compito a metà (e ovviamente non apprezzano chi tende a farlo). Non sono interessate ad avere gratificazioni personali, poiché ritengono di essere in grado di giudicare loro stesse e secondo criteri che loro stesse fissano, anche perché i loro obiettivi sono finalizzati alla massima efficienza e possono pertanto riferirsi a parametri assoluti.

Si pongono obiettivi ambiziosi ma raggiungibili e li ottengono. Non si impegnano in battaglie che non sono certi di poter vincere.

La razionalità è la loro arma, poiché le tiene lontano dalle attivazioni emotive, per definizione poco controllabili. Alla precisione ed efficienza si contrappone pertanto una condotta educata e rispettosa delle regole sociali, che tuttavia non accettano incondizionatamente, ma esteriormente poco empatica.

Come riconoscerle?

La postura è eretta e il passo sicuro, mantengono il contatto visivo durante la conversazione, l'eloquio è sicuro, i movimenti sono rapidi. I gesti tipici durante la conversazione sono quelli che simulano tagliare parte dello spazio per indicare l'"inizio" e la "fine". Non indossano vestiti appariscenti, ma ordinati, non sono interessate a seguire la moda. Generalmente sono circondate da poche persone affidabili. Se la loro salute è precaria, non si lamentano del dolore o del disagio causato dai sintomi, ma per il fatto che la malattia non consente di fare quello che vorrebbero.

Amano la precisione, ma arrivano in ritardo perché prima dell'appuntamento devono comunque fare tutte le cose che hanno programmato. Quando iniziano un discorso o parte di esso desiderano concluderlo, anche se il senso era già stato colto dall'interlocutore. Quindi non interrompeteli o sovrapponetevi, continueranno il discorso lo stesso.

Guardano con celata malinconia al passato, ma sono costantemente orientati al futuro. I loro progetti sono verbalizzati in termini di "doverizzazioni": «*farò, devo fare, dobbiamo rispettare...*».

Se chiedete: «*Come va?*» vi risponderanno probabilmente «*Bene!*», anche se non è vero. Non manifestano paure o preoccupazioni, non sono propensi a manifestare aspetti intimi di loro o della loro famiglia, salvo che a una ristrettissima cerchia di persone.

Scelgono vetture che giudicano affidabili e dotate di una tecnologia che possono dominare, senza colori e accessori appariscenti. Compiono loro stessi la scelta, informandosi in Internet o affidandosi a conoscenti che giudicano competenti.

Il loro cellulare non è probabilmente di ultima generazione, ma garantisce le funzioni più utili e affidabilità. Sono mediamente interessate ai social che utilizzano anche per scopi professionali. Le troverete facilmente, è il luogo ideale per avere l'ultima parola.

B) *Paure*: si tratta di persone che agiscono sull'ambiente tendendo ad aggirarne gli ostacoli, giudicando tale atteggiamento rassicurante, preferendo subire gli effetti di tale comportamento nella speranza che gli eventi temuti non si verifichino o il tempo li attenui. Un modo efficace per non farsi travolgere dagli eventi è infatti ignorare che esistono, o minimizzarne le eventuali conseguenze.

Si tratta, di conseguenza, di persone che non sono interessate alla pianificazione, ma agiscono valutando la situazione secondo il livello di attivazione emotiva che ogni opzione comporta.

Non creano e non agiscono secondo regole rigide, ma le modificano in modo flessibile se le circostanze variano. La mancanza di pianificazione comporta che possono tenere aperti più compiti contemporaneamente e talvolta sono abili ad eseguirli raggiungendo il miglior risultato possibile, temendo di essere rimproverate, per quanto non ricerchino ossessivamente la massima efficienza. Possono apparire in costante ritardo e inaffidabili ma in un modo o nell'altro riescono a mantenere i loro impegni, anche se a costo di sacrificarne alcuni.

Una caratteristica di questa categoria è quello di rimandare e rimettere costantemente in discussione le decisioni, anche quando apparivano definitive; la tendenza a rimandare a lungo le scelte – soprattutto quando sono importanti o vincolanti – è basata secondo alcuni dalla tendenza a basarsi più sulla perdita associata all'opzione abbandonata, più che al vantaggio ottenuto con l'opzione scelta. Ci mettono più degli altri per concludere gli studi o, dopo averli completati, non consegnano mai la tesi, temendo le responsabilità che ciò comporta.

Si circondano di persone che in qualche modo riescono a confortare le loro preoccupazioni e apprezzano coloro che sono in grado di prendere decisioni al posto loro. Sono pertanto abili a stringere duraturi rapporti professionali, di amicizia o affettivi e tendono a perdonare facilmente l'eventuale tradimento di fiducia.

Il tratto centrato sulla "paura" tende ad irrigidirsi nelle situazioni critiche e ciò si manifesta generalmente in una tendenza ad evitare tutto ciò che viene ritenuto minacciate o eccessivamente incerto. Agiscono sulla base di attivazioni emozionali e reagiscono ai problemi evitandoli o chiedendo aiuto ad altri, grazie alla loro abilità nelle relazioni sociali.

Ricercano pertanto situazioni che giudicano "protettive", non sono interessate a sfidare i rischi. Non si esaltano per niente. Sono relativamente orientate alle gratificazioni esterne, ma le apprezzano. Sono in parte preoccupate per i giudizi negativi soprattutto quelli di tipo sociale, temendo fortemente l'esclusione.

Desiderano relazioni strette ma contemporaneamente le temono. Tendono pertanto a fuggire dai legami troppo stretti e se, dopo anni di fidanzamento, le fate una proposta di matrimonio, probabilmente non le vedrete più.

Come riconoscerle?

Generalmente l'atteggiamento, la postura e il passo manifestano un approccio timido all'ambiente, soprattutto se è poco conosciuto; non mantengono il contatto visivo durante la conversazione, l'eloquio è normale, così come la gestualità. Questa è pervasa da "gesti consolatori" come accarezzarsi il viso, le spalle o altre parti del corpo durante la conversazione.

Sono circondate da numerose persone, con cui tendono ad instaurare rapporti amicali anche nell'ambito professionale.

Tendono a indossare vestiti che in qualche modo manifestano l'adesione al gruppo o alla moda del momento anche se non in modo eccessivo, per non subire critiche o eccessive attenzioni.

Possono passare in poco tempo da essere entusiaste di una prospettiva al giudicarla poco interessante, per motivi sconosciuti.

Se la loro salute è precaria (e lo è sempre), se ne lamentano pubblicamente e la malattia assume priorità o centralità nella loro esistenza. Ma non vanno dal medico perché hanno paura di quello che le dirà.

Quando iniziano un discorso o parte di esso a volte non lo concludono e non si preoccupano di accertarsi se sia stato compreso.

Se chiedete: «*Come va?*» vi risponderanno probabilmente manifestando (anche in modo eccessivo) una qualsiasi preoccupazione che le affligge. Manifestano spesso paure, preoccupazioni o fobie e non temono di informarne gli altri.

Se sono donne, scelgono vetture non particolarmente dimensionate, perché sono preoccupate dai pericoli del traffico e delle manovre e nella scelta si fanno consigliare dai conoscenti o l'affidano completamente al partner, che generalmente è un decisionista.

Sono costantemente "connesse" e molto social e conoscono tutte le funzioni del loro mobile device utili al pettegolezzo tecnologico. Sono pertanto costantemente informate su ciò che accade attorno a loro e se chiedete informazioni di una persona sicuramente la conosceranno e ve ne anticiperanno le malefatte.

C) *Solitudine*: il tema della solitudine viene assunto come modalità difensiva in funzione delle situazioni minaccianti che il mondo ed i singoli setting di vita possono comportare. Un modo efficace per non subire le minacce dell'ambiente – soprattutto quello relazionale - è non considerarsi parte di esso e non essere interessati a farne parte, per non trovarsi a sopportare la sofferenza delle inevitabili delusioni.

Ciò non significa che queste persone siano necessariamente sole o apprezzino una vita da eremita, tutt'altro. Sono al contrario molto abili a stringere numerose relazioni anche grazie a modi mai prevaricanti e impositivi, talvolta rinunciatari, anche se in alcuni casi possono rivelare tratti di aggressività.

Posseggono una buona capacità di ironizzare le situazioni anche quelle che le riguardano e non farsi mai travolgere dagli eventi. Se questa operazione non riesce, cadono in uno sconforto profondo.

In qualche modo, la loro capacità di vedere sempre il bicchiere mezzo vuoto comporta che non si spaventino quando poi verificano che il contenuto è effettivamente scarso.

Una caratteristica delle persone appartenenti a questa categoria è quello di non essere per nulla interessate ad obiettivi ambiziosi e di non essere combattive per ottenerli. Questo atteggiamento viene messo in atto per timore delle delusioni: più si è felici, infatti, più si teme l'infelicità, più si ha successo, più si paventa l'insuccesso.

Anche nell'ambito relazionale appaiono remissive, ma imperturbabili: se un amico gira loro le spalle, la sofferenza non è mai eccessiva, perché in qualche modo se lo aspettavano. Più facilmente, saranno loro a sabotare le relazioni più intime e significative, senza motivi apparenti o fornendo giustificazioni irrealistiche, temendo la sofferenza di un eventuale abbandono.

Nell'ambito professionale possono apparire poco affidabili, ma si dedicano con estremo profitto ai compiti che ritengono interessanti e gratificanti, generalmente quelli che giudicano piacevoli sul piano emotivo, se l'attivazione è moderata. In caso contrario tendono ad evitare il compito, non temendo lo stigma sociale.

Non sono interessate a scegliere le persone di cui circondarsi secondo criteri di affidabilità, ma sono abili ad attorniarsi di numerose persone, temendo non tanto la solitudine, quanto la mancanza di contatto sociale. Le relazioni sono pertanto piacevoli ma artefatte, per non dover soffrire l'eventuale distacco.

Il tratto della solitudine tende ad irrigidirsi nelle situazioni critiche e ciò si manifesta generalmente in una tendenza al ritiro. Se viene affidato un compito complicato sarà rifiutato con la motivazione *«non ne sono capace»*.

Non agiscono sulla base di attivazioni emozionali, che sono abili ad inibire, ma scelgono sistematicamente le opzioni che non le espongano eccessivamente. Se proponete qualcosa ai vostri occhi interessante, possono apparire ugualmente interessati e poi sparire, senza preoccuparvi di informarvi della loro decisione, oppure rifiutarla senza preoccuparsi di fornirne un motivo plausibile.

Rifiutano di essere costantemente impegnate, amano dedicarsi ad attività non gravose e sviluppano spesso doti di tipo artistico, spesso con notevole abilità, poiché sono costantemente in contatto con la loro parte emotiva, che conoscono e pertanto temono.

Mantengono costantemente un atteggiamento di triste ironia, di malinconica genialità, che è il tratto caratterizzante di molti dei più grandi artisti (musicisti, pittori, scrittori...) o anche attori, persino comici, che ad una carriera di successo hanno contrapposto un'esistenza di tormentata mestizia, che in non rari casi hanno preferito concludere anzitempo.

Come riconoscerle?

Generalmente l'atteggiamento, la postura e il passo manifestano un approccio disinteressato all'ambiente, quasi mimetico. L'eloquio è rallentato, in caso di discussione tendono ad essere remissivi, non sono interessati ad avere ragione. La gestualità e contenuta ma una volta giudicata la situazione non particolarmente minacciante tendono ad essere piacevoli e manifestare abilità e competenze in svariati campi, non necessariamente coerenti con il profilo professionale. Scelgono comunque professioni non eccessivamente impegnative e comunque rassicuranti, come un impiego pubblico.

L'abbigliamento sembra messo insieme in modo casuale, l'importante è avere qualcosa addosso. Talvolta i vestiti sono vecchi, persino, a volte, sgualciti o macchiati.

La loro salute è sempre precaria, ma sembrano non preoccuparsene eccessivamente. Quasi sempre eccedono in comportamenti controsalutistici, come assumere alcol o fumare in continuazione.

I loro discorsi sono pervasi da lamentele e visioni negative su qualsiasi campo (sulla salute, su quello che fanno le altre persone, sui politici, la meteorologia, i colleghi...) che espongono con una buona dose di simpatia e auto-ironia. Si rammaricano di ciò che hanno lasciato nel passato, non parlano mai di futuro e di progetti.

Le loro auto sono sempre modeste, a volte vecchie e maltenute, frutto di una scelta casuale. Non prendono in considerazione di lavarle e se accettate un passaggio probabilmente non troverete posto, poiché l'abitacolo è invaso da oggetti vari che hanno trovato lì collocazione stabile, da animali o da testimonianze della loro presenza.

Non affannatevi a cercare il loro profilo FB; in ogni caso, se lo troverete, risulterà non utilizzato frequentemente o addirittura abbandonato. Non sorprendetevi se i vostri SMS non hanno risposta o la risposta non è immediata. L'indifferenza sociale si manifesta anche nell'utilizzo delle connessioni digitali.

D) *Giudizio esterno*: il tema della ricerca di gratificazioni esterne è pervasivo in tutte le aree di vita, non meno quella professionale. Queste persone, più facilmente di sesso femminile, ricercano costantemente la perfezione e agiscono in questi termini sin dalla carriera scolastica (che portano a termine in maniera brillante), in quella sportiva (in cui si impegnano solo se sono in grado di eccellere), in quella professionale, in cui risultano competitive e orientate ai massimi obiettivi.

Tutta la loro vita è motivata all'apparire, ad attirare l'attenzione di ammirazione o invidia. Un modo efficace per non subire le minacce dell'ambiente relazionale è quello di giudicarsi superiore ad esso e ciò giustifica la costante ricerca e produzione di conferme e l'evitamento delle situazioni in cui possono essere rintracciate disconferme. Perseguono standard di eccellenza, gli unici che le preservano da eventuali critiche.

Nell'ambito relazionale non ci sono mezze misure: o con loro o contro di loro. Si circondano ovviamente di un codazzo di amiche intime ma invidiose che sperano di nutrirsi di parte della luce emessa dal capobranco (il cosiddetto *effetto spotlight*). Chi non è attratto da tale luce o non è interessato all'apparenza non viene preso in considerazione e giudicato indegno di far parte del gruppo, e si impegnerà per la sua esclusione.

La ricerca di perfezione si estende a tutti i campi, compreso quello corporeo, che viene sottoposto a qualsiasi trattamento (dalla palestra alla beauty farm, dall'estetista al parrucchiere) che diventano punti di passaggio costante nella loro vita, non meno del ristorante più alla moda e le località di vacanza più esclusive.

Se necessitate di un consiglio su una dieta, loro le conoscono tutte, ma negheranno di averne avuto bisogno. Il loro profumo può stendervi o anticipare di qualche minuto il loro arrivo.

Ovviamente, ogni azione deve essere trasformata in un successo e di ciò devono essere a conoscenza tutti, a costo di rinunciare all'intimità. Sono dotate di notevoli abilità nel scegliere e consolidare relazioni gratificanti e mantenerle distribuendo i vantaggi all'interno del gruppo.

Non accettano consigli dall'esterno, nessun luminare potrà essere più preparato di loro. La loro vita non può mai essere banale per cui rimarrete coinvolti in ritmi, impegni e obiettivi che occhi esterni giudicherebbero eccessivi.

Non è necessario emettere un giudizio negativo su di loro o una loro azione; sarà sufficiente non fornire la gratificazione attesa (ad esempio un complimento) per trovarsi escluso da qualsiasi relazione – anche professionale – e trovarsi terra bruciata attorno senza più le amicizie che condividevate.

Parlano spesso della loro famiglia, ovviamente perfetta e senza macchie, e di un padre meraviglioso di cui sono follemente innamorate. Il partner deve condividere totalmente, senza indecisioni, la mission della compagna, o scomparire totalmente, limitandosi a compiti riproduttivi o di assistenza casalinga.

Nell'ambito professionale si impegnano con eccezionale profitto in qualsiasi compito e raggiungono qualsiasi obiettivo, basta che ciò comporti visibilità e apprezzamento.

Al di là di queste considerazioni, dobbiamo comunque considerare che i tratti caratterizzanti non necessariamente si manifestano in modo esasperato e queste persone possono essere comunque piacevoli e riuscire ad impegnarsi con equilibrio nel mondo professionale anche se con più facilità non le incontreremo in ruoli e livello gerarchici operativi, ma – almeno nelle fasi significative della loro vita – in ruoli dirigenziali o manageriali.

In condizioni di criticità, tuttavia, queste caratteristiche tenderanno ad inasprirsi ed irrigidirsi. In questo caso non sfidatele, è più facile avere ragione sul ring di Mike Tyson.

Come riconoscerle?

Se avete in mente la prima della classe, la preferita dai professori, avete un modello perfetto a cui riferirvi: l'atteggiamento poco empatico, il vestito perfetto e all'ultima moda, una forma fisica invidiabile (ma, in alcuni periodi della loro vita, possiamo incontrarle eccessivamente magre o un po' rotondine) e un passaggio recente dal parrucchiere, occhiali scuri anche dove il sole non batte affatto, il telefonino di ultimissima generazione e dal costo proibitivo che suona mentre sta facendo la coda al supermercato: è l'amica del cuore che al massimo volume si complimenta con lei, propone una visita in un negozio di alta moda o di partecipare all'inaugurazione di un ristorante.

Sul luogo di lavoro, non avrete tempo per cogliere tutto questo perché si infilerà in ufficio a velocità da mezzofondista rimanendo in equilibrio su tacchi rumorosi e vertiginosi.

Non vi parlerà di problemi di salute, non si lamenterà di nulla se non che i suoi collaboratori sono degli incapaci o – al contrario –i migliori al mondo e che la adorano. Protegge con abilità aspetti intriganti della sua esistenza, che potrebbero rivelare fragilità o imperfezioni e ogni discorso viene anticipato da auto-celebrazioni.

Se desiderate parlare dei vostri successi, non vi starà ad ascoltare – perché è impegnata - anche dopo avervi trattenuto per mezz'ora con i suoi.

Alle pareti dell'ufficio sono appese le foto dei figli, ritratti non certo da un fotografo improvvisato. Se i figli sono cresciutelli, saranno ritratti sul primo gradino del podio di una gara sportiva o mentre ricevono un premio a scuola. Se non ci sono i figli, le foto ritraggono lei stessa.

Riconoscerete immediatamente la sua auto nel parcheggio, poiché è quella più appariscente, se non nel modello, almeno nel colore. L'automobile non potrà che subire a sua volta il tema della perfezione e della pulizia.

La presenza su tutti i social è costante e non meno professionale di quella di un addetto stampa. Producono selfie di qualità professionale con l'assiduità di uno stakanovista , in qualunque circostanza.

Considerando che ciascuno dei lettori non avrà potuto evitare di fare riferimento a se stesso o a qualcuno di conoscenza e potrebbe aver avuto difficoltà ad identificare con precisione la categoria di appartenenza, lo rassicuriamo per il fatto che talvolta questa operazione è complicata. Se avete avuto l'impressione di riconoscervi un po' in una e un po' in un'altra categoria questo è assolutamente possibile. Molti dei tratti caratterizzanti possono contaminare la categoria adiacente, infatti. Tuttavia, in condizioni di particolare criticità, ciascuno tende a rispondere irrigidendo il tratto prevalente.

Le persone possono modificare in parte le loro valutazioni ed i loro comportamenti, ma la variabilità è comunque limitata e ciò ci aiuta molto per l'utilizzo dello strumento. Pertanto, l'applicazione del modello ci consente di prevedere, anticipandole, le visioni dei nostri interlocutori, prevedendo in una misura sufficientemente precisa il futuro relazionale, offrendoci un vantaggio non di poco conto. Inoltre , ci consente di fornirci spiegazioni attendibili ai comportamenti e ai significati delle comunicazioni emesse dai nostri interlocutori, individuando le strategie più efficaci per stabilire con loro connessioni soddisfacenti.

Se il modello proposto può essere utile per interpretare le modalità di valutazione e risposta degli altri, può esserlo altrettanto anche per interpretare quelle di ciascuno di noi. Di fatto, è estremamente probabile che più facilmente ci troviamo a interloquire con persone che condividono la nostra stessa visione generale e ciò è un indubbio vantaggio.

Vi proponiamo infine un'esercitazione per consentirvi di affinare le conoscenze che vi abbiamo appena proposto. In questa sessione di esercizi abbiamo ipotizzato (traendole comunque da circostanze reali, per quanto adattate ai nostri scopi) situazioni in cui i protagonisti presentano caratteristiche afferenti a specifiche categorie di personalità. Vi chiediamo pertanto di provare a produrre delle comunicazioni assertive tenendo conto delle caratteristiche del nostro interlocutore. Lo scopo di questa esercitazione – che probabilmente vi apparirà eccessivamente complessa –

non è quello di confezionare "la frase giusta" ma sollecitare riflessioni che generalmente non riteniamo di dover produrre, rendendo poco o per nulla efficaci i nostri scambi comunicativi.

Per intenderci, un complimento espresso nello stesso modo avrà un effetto molto diverso rivolto verso una personalità controllante o una che tende al giudizio esterno. Nel primo caso, probabilmente, il nostro interlocutore rimarrà indifferente, nel secondo caso otterremo l'effetto opposto.

☑ Esercitazione 6 – Comunicare ai tratti prevalenti

1. Un superiore ci chiede di eseguire immediatamente un lavoro, ma noi sappiamo che, in realtà, non c'è nessuna fretta e preferiamo dedicarci ad altre cose realmente urgenti o concludere il nostro turno di lavoro.
Come ci comportiamo?

Tratto controllante prevalente

____

Tratto pauroso prevalente

____

Tratto solitudine prevalente

____

Tratto giudizio esterno prevalente

____

Suggerimenti
Nel caso del tratto del controllo, possiamo rispondere al nostro superiore fornendo una spiegazione plausibile e proponendo di eseguire la richiesta entro una determinata ora di un giorno preciso, preoccupandoci di non mancare la promessa.

Nel caso del tratto della paura, possiamo rassicurare il superiore facendogli vedere che ci attiviamo, o chiediamo aiuto ad un collega o proponendo una soluzione, senza necessariamente l'assillo di una scadenza.

Nel caso del tratto della solitudine, possiamo chiedergli aiuto o di eseguire il compito insieme, concordando un incontro.

Nel caso del tratto riferito al giudizio esterno, possiamo complimentarci con il nostro superiore (es. «*ti ringrazio di avermelo ricordato, tu se sempre puntuale*») e promettendo che, una volta concluse le altre operazioni, ci dedicheremo al compito per eseguirlo al meglio.

2. Un collega si rifiuta di aiutarci. Per lui, quello che gli chiediamo, non rientra nei suoi compiti.

Come ci comportiamo?

Tratto controllante prevalente

____

Tratto pauroso prevalente

____

Tratto solitudine prevalente

____

Tratto giudizio esterno prevalente

____

Suggerimenti

Nel caso del tratto del controllo, l'interpretazione delle regole non prevede sfumature, per cui possiamo solo concordarne di nuove, senza tentare di imporre le nostre.

Nel caso del tratto della paura, sarebbe meglio indagare cosa preoccupa realmente il nostro collega e rassicurarlo. Se teme una prevaricazione possiamo concordare con lui di restituire quanto lui ci ha concesso.

Nel caso del tratto della solitudine, proviamo a stemperare la sua ritrosia con una battuta e un largo sorriso, contando sulla naturale ironia di cui sono generalmente dotate queste persone, ispirando l'idea di una relazione amicale e spontanea.

Nel caso del tratto riferito al giudizio esterno, probabilmente ottenere collaborazione gratificando il nostro interlocutore, facendogli presente che ci affidiamo a lui perché è il più bravo.

.

3. Un collaboratore ci chiede, per l'ennesima volta, come deve essere eseguito un compito, ma noi glielo abbiamo già spiegato esaurientemente. Come ci comportiamo?

Tratto controllante prevalente

Tratto pauroso prevalente

Tratto solitudine prevalente

Tratto giudizio esterno prevalente

Suggerimenti

Nel caso del tratto del controllo, possiamo rispondere al nostro collaboratore chiedendogli cosa gli serve per esaudire la richiesta, concordare con lui la modalità per fornirgliela e avvertirlo che – in seguito – ci aspettiamo che si renda autonomo.

Nel caso del tratto della paura, possiamo rassicurare il nostro collaboratore sul fatto che è già in grado di eseguire il compito con sufficiente qualità, garantirgli che lo seguiremo e gli forniremo aiuto in caso di difficoltà.

Nel caso del tratto della solitudine, possiamo dispiacerci per il fatto di essere impegnati, ma fornire un telefono, un riferimento e-mail o altro che possa appuntarsi e infilarsi in tasca, da utilizzare in caso di difficoltà.

Nel caso del tratto riferito al giudizio esterno, possiamo mostrare sorpresa per la qualità del lavoro fin qui eseguito e per il livello di autonomia già raggiunto, complimentarci e promettere che seguiremo i suoi progressi.

4. Un collega ha eseguito brillantemente un compito e desideriamo gratificarlo rinforzando il suo comportamento per ottenere risultati elevati anche nelle situazioni successive.
Come rispondiamo?

Tratto controllante prevalente

____

Tratto pauroso prevalente

____

Tratto solitudine prevalente

____

Tratto giudizio esterno prevalente

____

Suggerimenti
Nel caso del tratto del controllo, possiamo rinforzare il nostro collega o collaboratore – tenendo conto che non è interessato al giudizio esterno – con qualcosa di simile a: «*così si fa!*», che fa riferimento a un criterio assoluto a cui si affida per eseguire i suoi compiti.

Nel caso del tratto della paura, possiamo far notare al nostro collaboratore che ha eseguito brillantemente il compito evidenziando nel contempo che le sue preoccupazioni iniziali non erano realistiche, senza aspettarci tuttavia che non riemergano in futuro.

Nel caso del tratto della solitudine, è preferibile evitare di fornire gratificazioni in modo enfatico, queste potrebbero in qualche modo spaventare l'interlocutore che non è interessato ad essere sotto i riflettori.

Nel caso del tratto riferito al giudizio esterno, al contrario, la migliore gratificazione è proprio puntare i riflettori facendo conoscere anche agli altri la qualità del lavoro svolto, complimentandosi pubblicamente e facendola apparire ancora una volta la prima della classe (tenendo conto che la prima della classe non può essere apprezzata da tutti).

LE "ARMI" DELLA PERSUASIONE

Abbiamo definito la *"persuasione"* come la modalità di modificare gli atteggiamenti di uno o più individuo e, di conseguenza, i suoi comportamenti. I meccanismi di persuasione di attivano in numerosi contesti, dai condizionamenti sociali quelli consumistici, da quelli politici a quelli che appartengono alle relazioni intime e, infine, nella psicoterapia.

In realtà, tutti fanno riferimento a risposte automatiche emesse dal nostro organismo, attraverso il sistema nervoso, affinate nella lunga storia evolutiva, che hanno lo scopo di garantire il miglior adattamento all'ambiente. Per i nostri scopi e campi di applicazione, concordando con gli esiti di molti studi e ricerche (come quelle di McGuire), abbiamo sostenuto che i meccanismi persuasivi risultano efficaci solo nel caso in cui riescano a bypassare le valutazioni razionali e consapevoli emesse dalle strutture neo-corticali del sistema nervoso, accedendo a quelle più antiche in cui sono installate le risposte emotive pre-confezionate.

Pertanto, se siamo consapevoli del condizionamento, questo non risulterà efficace.

Se un venditore ci vende un prodotto che poi si rivela diverso da quanto promesso (in altre parole, una fregatura), il tentativo successivo di venderci qualcos'altro non avrà successo. Probabilmente, non acquisteremo più prodotti di quella marca, indipendentemente da chi ce lo propone, in un meccanismo che McGuire associa all'immunizzazione.

Da sempre, gli studiosi delle varie discipline che si occupano di dimensioni umane si occupano dell'argomento, non necessariamente per fini utilitaristici, e interrogano sulla possibilità e la capacità degli individui di contrastare i meccanismi di persuasione. Ciò ha ispirato la contrapposizione di differenti visioni che entrano nel dibattito sociale, add ed esempio fra apocalittici (con esponenti autorevoli come Zygmunt Bauman) e integrati (che propongono una visione più ottimista, vicina al positivismo sociologico di natura nordamericana), terminologia nata in una raccolta di saggi e di articoli di Umberto Eco pubblicati nel 1964.

La neurologia ha dimostrato che tali meccanismi dipendono da variabili come l'attenzione, la motivazione e la disponibilità di informazioni; la psicologia i differenti funzionamenti nei livelli individuali e sociali: Petty e Cacioppo parlavano di *"via centrale"* e *"via periferica"*, per intendere il contemporaneo utilizzo di risposte automatiche e risposte consapevoli.

Di fatto, i meccanismi di persuasione sono una costante nella nostra esistenza poiché sono contenuti negli atti comunicativi che definiscono le relazioni umane. Veicolano i simboli delle regole che legano gli individui, dell'appartenenza e dell'individualità, e la distribuzione dei vantaggi che garantiscono la sopravvivenza.

La connessione fra comunicazione e adattamento all'ambiente fa riferimento alla costante necessità del nostro organismo di individuare strategie che massimizzino l'adattamento minimizzando l'impiego di risorse. Per far ciò, utilizza svariate modalità, la maggior parte delle quali non sono sotto il nostro diretto controllo. Ad esempio, siamo attirati da una gustosa bistecca, ignorando la fetta di torta che qualcuno ci offre, non perché ci piace di più il sapore della carne, ma perché il nostro organismo necessità delle sue componenti (grassi, minerali, calcio...) che non sono contenuti nel dolce, e ne enfatizza per tanto il gusto e la piacevolezza.

Tuttavia, condizionamenti sociali che ci portano ad uniformarci alle regole del gruppo, preferendole a quelle individuali in funzione di un maggior vantaggio percepito, ci possono portare a rinunciare al gusto di determinate pietanze per abbracciare uno stile alimentare o consumistico "alla moda".

Se qualcuno ci chiede ragione delle nostre scelte, possiamo sicuramente fornire spiegazioni convincenti, ma che nulla hanno a che fare con i reali motivi che le hanno ispirate, di cui non siamo consapevoli.

L'argomento è smisurato, per quanto fascinoso per chi si occupa di scienze umane, impossibile contenerlo in una premessa. Dovendo ricercarne una modalità applicativa, possiamo fare riferimento ad un modello unanimemente riconosciuto ed empiricamente dimostrato per trasferire il piano astratto su quello di realtà, per confezionare regole di interazione e messaggi comunicativi che enfatizzino il potere persuasivo e migliorino l'efficacia della comunicazione.

Gli atti persuasivi hanno infatti il potere di modificare l'*atteggiamento*, che costituisce il loro bersaglio. Con questo termine, in psicologia, si intende la valutazione positiva o negativa di un oggetto sociale (ad esempio una persona o un bene di consumo). La valenza definisce le interazioni: se una persona ci risulta simpatica (atteggiamento positivo) ci relazioneremo con essa; se riteniamo inaffidabile un prodotto (atteggiamento negativo) non lo acquisteremo anche se ci viene proposto con un forte sconto.

Oltre alla "direzione" (positivo vs negativo), la persuasione presenta altre dimensioni: intensità e persistenza.

La prima corrisponde al "peso" dell'azione persuasiva: ad esempio, possiamo avere un atteggiamento negativo verso un prodotto (ad esempio una marca di automobili) ma poi ne parliamo con un amico esperto e cambiamo opinione. Evidentemente – in questo caso – la nostra valutazione non era così rigida e siamo disponibili a modificarla. In altri casi no e preferiamo mettere a repentaglio la nostra esistenza per difendere le nostre convinzioni, che in questo caso assumono la condizione di *ideologie*.

La seconda si distribuisce sulla variabile tempo: essendo basata su attivazioni emozionali, queste non sono necessariamente persistenti. Per esempio, ci guardiamo allo specchio e temiamo che non supereremo l'imminente prova costume e ci imponiamo una dieta ferrea. Siamo assolutamente convinti che questa volta la nostra famelicità sarà contenuta dal desiderio di esibire una silhouette invidiabile, ma dopo qualche giorno torniamo a saccheggiare compulsivamente la dispensa. Al contrario, il nostro atteggiamento può perdurare nel tempo e condizionare trasversalmente la nostra esistenza, trasversalmente ai cambiamenti. Ciascuno può trovare esempi che lo rivelano, descrivendo se stesso.

La "reattanza psicologica"

Con questo termine si intende comunemente il meccanismo opposto alla persuasione. In effetti, talvolta gli obiettivi della comunicazione falliscono e non riusciamo ad ottenere gli obiettivi relazionali. Il tentativo può ottenere l'effetto opposto, cioè perdita di fiducia e rifiuto dell'oggetto della comunicazione.

Ma, accodandoci anche in questo caso alle opinioni di altri, riteniamo che sia riduttivo considerare la reattanza come l'opposto della persuasione. Il fenomeno è ben più complesso e presenta numerose dinamiche che talvolta anche i professionisti della comunicazione non considerano adeguatamente. Ad esempio, ci è capitato che lo spot di un prodotto sia talmente assillante che finisce per infastidirci. Oppure lo stesso spot dipinge una situazione talmente irrealistica che impedisce all'utente di identificarsi in esso: è il caso del fenomeno di *décalage*, citato in molti testi che si occupano di marketing, del brand *Mulino bianco*, affidato ad un'immagine eccessivamente patinata e fiabesca, che ha provocato una risposta di reattanza non solo sullo specifico prodotto proposto nello spot, tanto che l'azienda ha radicalmente rivisto l'intera campagna.

La reattanza, ha infatti il potere (e comporta il rischio) di estendere il suo effetto oltre l'oggetto della comunicazione, coinvolgendo sfere più ampie. Se, ad esempio, ho acquistato un determinato modello di automobile che poi mi costringe a frequenti passaggi in officina, probabilmente non solo non acquisterò più quel modello ma nessun altro appartenente a quel marchio. Oppure «*non acquisterò più macchine francesi*» e «*non voglio macchine XXX neanche se me le regalano!*».

La reattanza ha pertanto un potere superiore alla persuasione, che nella maggioranza dei casi si limita all'oggetto e si attiva – di fatto – in tutti i casi in cui non sussistono le condizioni della persuasione:

- la persona dispone di informazioni sufficienti

- la persona dispone di risorse attentive adeguate

- la persona è adeguatamente motivata a ricercare e utilizzare le informazioni

- la persona è *"immunizzata"*

Se ci aspettiamo un atto persuasivo, e ne temiamo gli effetti, reclutiamo tutte le risorse attentive e motivazionali che ci consentono di considerare le informazioni disponibili.

La direzione della persuasione (o la reattanza) dipendono dall'atteggiamento iniziale e dai successivi processi cognitivi. Se ci rechiamo al supermercato per acquistare un detersivo, saremo probabilmente attirati dalla notorietà del marchio, creando una correlazione illusoria con la sua presunta qualità, basata sull'attivazione sociale: «*se è noto è perché tutti lo usano, se tutti lo usano allora è buono*».

Se disponiamo di adeguate competenze e motivazione, possiamo invece impegnare parte del nostro tempo a leggere tutte le etichette delle confezioni oppure sperimentando la qualità controllando le variabili (stesso tipo di sporco, umidità, concentrazione del prodotto...) quando lo inseriamo nella lavatrice. Ovviamente, risulta più economico cedere ai condizionamenti sociali, piuttosto che impegnarsi a simulare Burrhus Skinner in dispendiosi esperimenti e successivamente giustificare la nostra scelta «*alla fine sono tutti uguali*».

Ma se poi il prodotto ci delude, transitando davanti allo scaffale non lo degneremo più di uno sguardo e ignoreremo anche il commesso che ce lo aveva proposto, se lo incontriamo in un altro reparto.

L'origine scientifica delle "armi di persuasione"

La ricerca in ambito scientifico è iniziata studiando i metodi terapeutici di Milton Erikson. Lo psichiatra americano, poliomelitico e semi-infermo, curava i pazienti solo con le parole, persuadendoli a guarire, non disponendo di fisicità o supporti farmacologici (che si affermarono solo dopo la sua scomparsa).

Successivamente, Robert Cialdini, un ricercatore e docente dall' Arizona State University, ha compiuto per molti anni ricerche "sul campo". Per scoprire i meccanismi della persuasione, ha seguito i piazzisti e si è fatto assumere nei saloni di auto usate. Questa estrosa modalità di ricerca lo ha associato alla notorietà (è forse il più importante divulgatore nel campo del marketing e della persuasione), ma ha anche reso famosi i "trucchi" che vengono attivati, talvolta inconsapevolmente, da coloro che per vari scopi utilizza modalità persuasive, che hanno selezionato sulla base della loro efficacia, con modalità evolutive darwiniane (nel senso che ciò funziona viene perfezionato, ciò che non funziona abbandonato).

Successivamente, Cialdini ha trasferito le conoscenze dirette nei laboratori sperimentali, costruendo esperimenti con lo scopo di dimostrare empiricamente le basi biologiche e cognitive della persuasione e misurare gli effetti delle singole variabili, controllandole statisticamente.

Da ciò è nata una solida conoscenza e successivamente sono state perfezionate numerose applicazioni, in ambito comunicativo.

Ciò che le ricerche scientifiche hanno dimostrato (utilizzando metodi rigorosi e strumenti come la risonanza magnetica per individuare le aree del cervello che si attivano durante i processi cognitivi) è che per quanto le tecniche persuasive siano molteplici e variegate, i meccanismi neurali sono in realtà racchiusi in poche categorie, 6 per la precisione, che fanno sempre riferimento a necessità di adattamento all'ambiente, fisico e relazionale, e di economia di risorse metaboliche.

Nel prendere una decisione (assecondare il comunicatore, acquistare un prodotto o aderire a un'opinione) chi riceve il messaggio si fa guidare da poche indicazioni (indizi) contenute nello stimolo e che sollecitano l'*euristica* corrispondente ad un particolare principio. L'"euristica" corrisponde ad una risposta automatica stereotipata, rapida e in buona parte inconsapevole (che alcuni approcci denominano "*schemi*", altri "*modelli operativi interni – M.O.I.*), che non richiede processi cognitivi consapevoli e razionali, più raffinati ma anche più lenti e dispendiosi.

Se abbiamo un dubbio, infatti, quasi sempre rinunciamo ad approfondirlo. Pertanto, i meccanismi automatici prevalgono su quelli controllabili, anche in funzione della struttura neurale che prevede molte più afferenze dal sistema limbico, più antico, localizzato a ridosso del tronco encefalico, verso le aree neo-corticali più esterne, piuttosto che il percorso contrario.

L'illusione di Franz Carl Müller-Lyer, che abbiamo già proposto, dimostra questo aspetto e chiarisce che il potere della persuasione risiede nella credenza del suo obiettivo che la scelta che ne consegue sia libera e consapevole, frutto di una valutazione razionale ed esaustiva, mentre non lo è affatto.

Le 6 euristiche della persuasione

Per illustrarle rimaniamo fedeli alla nomenclatura scelta dallo scopritore e dimostratore che abbiamo già nominato, Cialdini appunto, forse un po' suggestiva, per scopi di divulgazione:

1. reciprocità
2. coerenza – impegno
3. riprova sociale
4. autorità
5. simpatia
6. scarsità

Ci sentiamo letteralmente obbligati a ricambiare ciò che ci viene dato. Se incontriamo un amico e questi ci offre un caffè, se qualche tempo dopo si rinnova l'incontro e l'invito è scontato che questa volta lo precederemo alla cassa, per saldare il conto. Ci sentiamo obbligati a farlo, difficilmente ci sottrarremmo a questa regola, percependo su di noi lo stigma conseguente all'aver disatteso un'aspettativa sociale.

Tale regola si è evidentemente installata sulla necessità di scambiare beni che assicuravano la sopravvivenza nella nostra fase evolutiva, facendo in modo che tutti i membri del gruppo ne disponessero, anche chi non era stato in grado di procurarseli. Una suggestiva teoria di Leda Cosmides, psicologa evoluzionista, nota con il titolo altrettanto suggestivo di Teoria dell'imbroglione, ipotizza che il famoso "big bang evolutivo", che ha fatto progredire la specie umana verso livelli preclusi ad altri animali, sia stata determinata dall'aver sviluppato strumenti cognitivi che ci consentono di individuare se un altro membro del nostro gruppo è affidabile o meno.

Infatti, se cedevo un bene ad un altro membro e poi, necessitandone, non mi veniva restituito, ciò poteva costituire una minaccia per la mia sopravvivenza, perché non avrei avuto cibo a sufficienza.

La regola della reciprocità, alla base della comunicazione assertiva, fa pertanto riferimento alla condivisione di tale regola e alla necessità individuale di distribuzione equa di vantaggi sociali. Si basa sulla ristrutturazione cognitiva della volontarietà di un atto che in realtà è imposto e sulla "necessità" cognitiva di ricambiarlo all'altro attore sociale.

Nelle trattazioni, le tecniche, come abbiamo premesso, talvolta assumono veste divulgativa; ne riportiamo alcuni esempi, fra quelli che non avremmo difficoltà a riconoscere attorno a noi.

"Porta in faccia": gli assaggi nel supermercato

In questo caso un promoter ci fa assaggiare un determinato prodotto contando sul fatto che transitando davanti allo scaffale su cui è esposto saremo ben disposti a restituire ciò che è stato offerto con un comportamento d'acquisto

"Colpo basso": offrire un dono e poi chiedere un'offerta

La tecnica, utilizzato in modalità truffaldina, di coloro che in un luogo affollato ci chiedono se siamo interessati ad un determinato argomento, a cui generalmente tutti sono interessati, di firmare una petizione per sostenerlo, e mentre ce ne parlano e ci ringraziano, ci dicono che la penna che abbiamo usato è un regalo; così, mentre la maneggiamo, ci chiedono un'offerta, a cui fatichiamo ad opporci. Può ricorrere anche ad altre modalità comunicative: usare altri meccanismi: «*tutti hanno aderito all'offerta*» (euristica del consenso sociale) o meccanismi combinati insieme: «*tutti hanno offerto qualcosa, lei non ce la fa proprio?*».

"Piede nella porta": ristrutturare il campo cognitivo con un'offerta apparentemente vantaggiosa.

Dal terapeuta: «*Lei non ha fatto quello che le avevo chieto la scorsa settimana. Non importa* (porta in faccia), *però allora mi deve fare quest'altra cosa* (debito - contrasto)».

Il consulente immobiliare, che ci propone un appartamento: «*Le faccio vedere questo articolo* (orribile e molto costoso), *ma le dò un consiglio spassionato, non le conviene* (debito) *le faccio vedere questo* (porta in faccia) *che costa molto meno* (contrasto)». In realtà, la nostra valutazione non sarà oggettiva, rispetto al mercato immobiliare, ma prodotta in relazione ai primi due oggetti visionati, che nel confronto appaiono decisamente meno accattivanti, rendendo più appetibile l'ultima proposta che saremo disposti a pagare di più.

Come si può vedere le modalità persuasive vengono utilizzate in modo combinato, contemporaneamente, per sollecitare differenti risposte e aumentare il potere persuasivo.

2 - Euristica della *coerenza – impegno*

Un obiettivo che abbiamo assunto noi stessi lo percepiamo come un obbligo e tendiamo a perseguirlo per confermare l'immagine (intima e sociale) che abbiamo creato di noi stessi. Si basa sul meccanismo della *"dissonanza cognitiva"*: il bisogno di coerenza ci costringe ad allineare le nostre convinzioni e comportamenti con ciò che abbiamo fatto o detto di voler fare.

Anche in questo caso l'euristica è mimetizzata in numerose tecniche e variabili rispetto a quelle illustrate sopra, che possiamo individuare guardandoci attorno: non c'è bisogno di recarci in un supermercato, è sufficiente guardare il telefonino o ascoltare i discorsi delle persone.

"Piede nella porta": l'"articolo civetta".

Nel foglione (lo specifico formato di stampa che viene usato per questo scopo) del centro commerciale, generalmente in alto a sinistra, dove si posa il primo sguardo, compare un'offerta irresistibile, proposta con slogan come "sottocosto", "ultimi pezzi", "solo per pochi giorni". Non abbiamo certo bisogno di quel prodotto ma prima o poi sì, vale la pena anticiparne l'acquisto.

Ma una volta entrati nel supermercato scopriamo che l'articolo è esaurito. Il venditore se ne rammarica e ci propone un altro articolo, magari proponendo uno sconto, ma comunque più costoso, realizzando l'obiettivo di farci entrare nel punto vendita e realizzare un guadagno.

Se l'articolo è presente, ad esempio un telefonino offerto a un prezzo decisamente basso, il negoziante conterà tuttavia sul fatto che poi – considerando quanto abbiamo risparmiato – saremo ben disposti ad accettare accessori come pellicole di protezione, cuffie auricolari, cover... che singolarmente verrebbero valutati come eccessivamente costosi.

Lo stesso motivo per cui, mentre raccoglie le ordinazioni, il cameriere non ci propone mai il dolce, ma ripassa dopo un po' di tempo che abbiamo definitivamente poggiato le posate sul piatto e abbiamo voglia di passare ancora un po' di tempo con gli amici.

In quel frangente, valutiamo il costo in più come una percentuale di ciò che abbiamo già stimato di spendere e pertanto come un incremento relativo limitato. Con questa tecnica, il ristoratore da una piccola fetta di dolce ottiene un ricarico decisamente importante.

Se valutassimo il costo (che non abbiamo neanche guardato, mentre penavamo ad antipasti, primo e secondo piatto) isolandolo da ciò che abbiamo già speso o ipotizziamo di spendere, probabilmente lo giudicheremmo eccessivo.

Un venditore racconta di un'offerta irresistibile per acquistare un'auto con molti accessori (piede nella porta). Firmato il contratto qualcuno si accorge che l'offerta non è valida, magari perché è scaduta o riguardava le vetture in pronta consegna o in serie limitata: *«le chiedo infinitamente scusa, naturalmente ha tutto il diritto di recedere dal contratto, se lo desidera»* (colpo basso).

Una buona percentuale di acquirenti conferma l'acquisto, ma a un prezzo più elevato, magari allettato da uno sconto riparatore che provvidamente il venditore propone, che non compensa il maggior costo.

3 – Euristica della riprova sociale

Il nostro "istinto gregario" (il termine è coniato da Tuner) e le dinamiche di *normalizzazione* del gruppo ci portano a conformarci alle opinioni ed ai comportamenti della maggioranza. Per "normalizzazione" (abbiamo già utilizzato questo termine) si intende la convergenza del pensiero e delle azioni verso una media del pensiero e delle azioni del gruppo, che costituiscono un rifermento alla compiacenza.

Compiacciamo il gruppo ed il suo leader per timore di esclusione ma anche perché risulta più economico pensare che se la massa va in una direzione, quella sarà quella corretta. Quello che talvolta viene definito "effetto gregge", porta ad effetti paradossali, come quando tutti si accaniscono su un'uscita al casello autostradale, lasciandone liberi altri. Mentre facciamo la scelta, dopo un momento di perplessità, pensiamo: «*probabilmente vanno tutti lì perché l'altro non funziona*», condividendo con gli altri il fastidio di passare inutilmente il nostro tempo ad attendere.

Come l'immagine dimostra, questa intra-psichica riguarda tutte le specie sociali, origina nei primordi della storia evolutiva ma si manifesta con effetti talvolta distruttivi anche nella modernità, contrariamente a ciò che ritenevano le teorie illuministiche che sancivano un netto stacco fra il mondo animale e quello umano.

Nell'ambito commerciale (che fornisce gli esempi più disponibili), tale meccanismo si evidenzia in svariate tecniche: il centro commerciale aumenta le vendite perché, a suo interno, vediamo tante persone agire comportamenti di acquisto e facciamo altrettanto. Il sociologo Marc Augè ha intuito un ulteriore meccanismo di persuasione sotteso: i moderni punti vendita assomigliano più a un luna park o un centro divertimento, rispetto ai più tradizionali negozi di prossimità. In altre parole, vi accediamo attirati dal divertimento che garantiscono. Di fatto, uniamo divertimento e acquisto di prodotti e ciò creerebbe, secondo il noto antropologo, etnologo, scrittore e filosofo francese, un'equazione per cui l'acquisto diventa divertimento e agendolo finiamo per soddisfare non bisogni materiali (come acquistare cibo e altri beni primari), ma bisogni secondari indotti dal sistema di gratificazione che può indurre a reiterare quasi compulsivamente tale comportamento per il piacere che fornisce.

Ma il meccanismo più noto è sicuramente la moda. Il termine, in realtà, è di derivazione statistica e si riferisce al punto più alto di una curva gaussiana, dove si concentrano i maggiori comportamenti, nel caso di variabili sociali. Se desideriamo una dimostrazione del potere persuasivo di tale meccanismo, potete fare riferimento al vostro guardaroba (se siete fra coloro che non buttano via un vestito ancora integro per il semplice fatto che "non è più di mota", confidando in un possibile revival). Ma soprattutto al fatto che un bel abito che qualche anno fa vi aveva attirato esposto nella vetrina di una boutique e vi aveva convinto a mettere mano ai risparmi, oggi non osereste indossare, se non a carnevale, per non attirare i lazzi degli astanti. I nostri gusti non sono cambiati spontaneamente, ma ispirati dal nostro sistema nervoso che ha modificato i canoni di piacevolezza per convincerci ad uniformarci ai condizionamenti sociali per evitare la pericolosa prospettiva di isolamento.

Altri esempi ricorrenti ed evidenti: l'outlet village, slogan come «*tutti gli italiani già lo comprano*» (e, chi ha concluso le sue giornate alla sigla di Carosello, ricorderà con nostalgico piacere «*milioni di milioni la stella dei negroni...*». Infine le cosiddette tecniche di "friendly buyers", come le vendite casalinghe di prodotti, originate nei paesi anglosassoni, che alcuni brand hanno adottato per scantonare i costi della distribuzione: un'amica ci invita una dimostrazione a casa sua, rassicurandoci che non siamo obbligati ad acquistare alcunché. In realtà, tutti gli altri comprano qualcosa e per non sentirci isolati accondiscendiamo la proposta di acquistare qualcosa a nostra volta, magari giustificandola con: «*eh ma prodotti di questa qualità mica li trovi nei negozi!*».

Almeno nella versione principale (e decisamente scorretta), gli altri acquirenti sono in realtà complici del proponente, fingono soltanto di acquistare, ottenendo un comportamento di imitazione.

Oppure, un venditore vi racconta che l'articolo che vi propone lo hanno già acquistato la ditta X, la ditta Y e così via, facendovi credere che voi, se non lo acquistate, vi mettete "contro corrente" (dissonanza cognitiva). Nei siti Web c'è spesso una sezione in cui vengono elencati i clienti (il portfoglio), che sono sempre numerosi, dell'azienda (consenso sociale).

4 – euristica dell'autorità

Ci affidiamo più facilmente a persone a cui riconosciamo un ruolo autorevole, perché risulta economico pensare che se hanno competenze in un campo, le avranno anche in altri campi. Associamo ad un ruolo autorevole anche competenza, intelligenza e caratteristiche similari, attribuendo a determinate persone caratteristiche e abilità che, in realtà, non posseggono. Così, ci rivolgiamo al medico di famiglia anche per consigli finanziari e al sacerdote per sapere se otterremo l'attenzione dell'amata (non si offenda il pievano, ma cedendo ad una facile battuta è più o meno come l'antico metodo di strappare i petali alla margherita).

Ciò dipende da un ulteriore dinamica cognitiva, nota come "*effetto alone*" o "*effetto macchia d'olio*", per cui le attribuzioni iniziali si allargano ad altre caratteristiche.

La compiacenza al leader è una tematica complessa, e ancora una volta ci troviamo costretti a dominare la tentazione di sconfinarvi; la sua comprensione si distribuisce sui vettori autorità vs autorevolezza che distinguono lo stile di leadership e la sua efficacia nei differenti contesti. In ogni caso, siamo addestrati dall'evoluzione a riconoscere immediatamente un leader dai messaggi che emette ed affidarci ad esso, poiché incarna il fondamentale ruolo di *opinion leader* che ha il compito non solo di fornire le informazioni con cui ciascuno deve regolare le relazioni sociali, ma anche la cornice cognitiva per interpretarle.

La comunicazione, come hanno dimostrato Lazarsfeld, Berelson e Gaudet, prevede sempre un "doppio flusso", per cui con modalità diverse (uno-a-uno, uno-a-molti) le informazioni vengono inviate ad un leader che poi le rimbalza successivamente in una forma socialmente accettabile, per essere condivisa.

I moderni flussi di comunicazione hanno decisamente scombinato le regole e reso anomica la distribuzione di informazioni, individuando opinion leader non più necessariamente sulla base di autorevolezza (che incorpora caratteristiche come la competenza), ma sulla base di meccanismi artefatti di compiacenza e imitazione sociale. Il termine *influencer* ha destituito quello di opinion leader e ci affidiamo più volentieri ad uno youtuber, scelto sulla base del numero di follower, piuttosto che al medico di famiglia per ottenere informazioni su patologie, cure e farmaci.

Un aspetto sicuramente interessante è che poiché associamo all'autorità specifici attributi fisici (di dominanza), chi vuole sfruttare questa dinamica li enfatizza per aumentare l'effetto persuasivo (la mitra papale, il bearskin delle guardie inglesi che presidiano i palazzi reali, alto tradizionalmente 18 pollici, il berretto di Napoleone Bonaparte, che le malelingue dicevano essere più alto dell'imperatore, che era infatti soprannominato "Petit chapeau". Il generale francese, non potendo contare sulla sua fisicità, la elevava artificiosamente con un vistoso copricapo e dalla sella della sua cavalcatura, per aizzare il suo esercito nelle sanguinose campagne di guerra, rinunciando al suo mimetismo, per ottenere il vantaggio dell'autorevolezza.

L'effetto alone associa l'altezza all'autorità ma anche a canoni estetici («*altezza, mezza bellezza*»). Non a caso, negli annunci di reclutamento di un commesso è spessa inserita la formula "si richiede bella presenza".

Fra le "tattiche" più in uso, che fanno riferimento a questa modalità, quella di un venditore che ci racconta che fra le persone che hanno acquistato quel prodotto c'è anche un importante ente pubblico (autorità).

Un venditore ci dice: «*Guardi, io non posso proprio venderlo al prezzo che mi chiede, ma proverò a convincere il mio capo*» (autorità). Più tardi: «*Ho faticato parecchio* (reciprocità-debito) *ma alla fine sono riuscito a spuntarla*».

La modalità più ricorrente è quella del testimonial pubblicitario: un personaggio noto – generalmente per i suoi successi sportivi – diventa magicamente un esperto di meccatronica e a lui ci affidiamo per la scelta di un sofisticato prodotto, nonostante tutte le sue competenze e abilità sino limitate a rincorrere un pallone su un prato erboso.

Un ricordo autobiografico sollecita la riflessione che le regole euristiche, per quanto archetipiche (per usare il linguaggio introdotto da Carl Gustav Jung), non sono innate, ma si creano in una fase intermedia fra al socializzazione primaria e quella primaria – più o meno all'ingresso nella scuola dell'obbligo – su basi biologiche, come necessità di semplificare il mondo, nel momento in cui questo si rivela eccessivamente complesso, sostituendo la logica inferenziale tipica degli infanti (che Jean Piaget chiamava "sincretismo giovanile", ritenendola poco efficace).

Il calciatore più idolatrato dalle folle dell'epoca, era un certo Pelè (Edson Arantes do Nascimento) e i suoi successi sportivi non erano sfuggiti ai pubblicitari dell'epoca (che – si consideri questo aspetto – erano Federico Fellini, Cesare Zavattini, Nanni Loi...) che lo hanno ingaggiato per promozionare una linea di prodotti per uomo.

Il centrocampista e attaccante carioca, mentre era impegnato nella toilette mattutina davanti allo specchio, esibendo il prodotto, pronunciava lo slogan: «*quando faccio una cosa, mi piace farla bene!*». Era evidente l'obiettivo di legare il fatto che il testimonial dedica altrettanta riconosciuta abilità sia negli sport pedestri che nella scelta di una schiuma da barba. Ma ricordo la mia perplessità infantile: «*cosa c'entra un calciatore con un prodotto per radersi o nascondere gli effluvi corporei?*» Evidentemente, il sincretismo non prevede sfumature e lo rende immune da scorciatoie euristiche, protezione che di lì a poco, come tutti, avrei perso, entrando molti anni dopo in un negozio a stipulare un contratto truffaldino con una compagnia telefonica convinto dagli inviti scanzonati di Francesco Totti, probabilmente confuso dall'inflessione romanesca, scambiandola per una arcadica composizione di Trilussa.

5 – Euristica della simpatia

Ci affidiamo più facilmente a persone a simpatiche, non perché ci fanno ridere (o non solo), ma perché le riteniamo più simili a noi. Anche in questo caso entrare nel dettaglio dell'argomento ci costringerebbe ad aprire scenari sconfinati, ma ci aiuterebbe ad interpretare correttamente il senso del discorso pensando che, nell'accezione originale e nel contesto americano, il termine che viene più spesso utilizzato è quello di "*similarity*" che però evidentemente non soddisfaceva i traduttori.

La simpatia è collegata pertanto alla similarità: costituisce un legame affettivo (allo stesso modo di altri come l'amicizia, l'amore fra partner o familiari...) attivato da risposte emozionali che hanno lo scopo di stabilire legami adattivi e vantaggiosi con gli altri membri del gruppo. Scegliamo gli amici perché il legame con loro ci assicura supporto reciproco. Ma la scelta è orientata dalla similarità, cioè dalla coincidenza con la nostra visione.

Infatti, cerchiamo costantemente di agire nel mondo creando aspettative su come si modificherà, anche in base alle nostre azioni (agire nel momento in cui si modifica non è altrettanto efficace). Si potrebbe dire che il nostro sistema nervoso non è altro che una grande macchina per prevedere il futuro. Ma questo impegno risulta gravoso e può essere estremamente semplificato se scegliamo persone che ci assomigliano, poiché sono facilmente prevedibili, poiché si comportano esattamente come ci comporteremmo noi.

Infatti, nella nostra esperienza clinica abbiamo notato come siamo molto più rigorosi a orientarci nella scelta degli amici utilizzando questo criterio, molto meno nella scelta del partner. Una coppia di conviventi è generalmente molto più assortita, con caratteristiche anche opposte fra i partner, piuttosto che una coppia di amici.

Pertanto, la percezione di simpatia è uno stato affettivo che ci informa tramite specifici segnali psico-fisici che siamo in presenza di un membro del nostro gruppo; è decisamente più economico e ci fornisce maggiori certezze frequentare gruppi di persone simili a noi, proprio perché sono più prevedibili. Tali segnali dipendono da un'attivazione neuro-chimica, processata dall'ormone peptidico dell'ossitocina, che in combinazione con altri enzimi, come il progesterone, provoca il senso di piacevolezza quando ci troviamo in gradevole compagnia, condividendo racconti e risate con altre persone.

Ciò è associato al senso di fiducia che le persone simili a noi suscitano, proprio perché assomigliano a colui che riteniamo generalmente più affidabile, cioè noi stessi. Di conseguenza, apparendo simili al nostro interlocutore, che percepirà ciò come simpatia reciproca, otterremo l'opportunità di persuaderlo, portandolo più facilmente verso le nostre opinioni.

Un venditore nota ad esempio sulla scrivania la foto del vostro cane. Vi dice che anche lui (similarità) ne ha uno della stessa razza e dei momenti che passa con lui. Oppure la foto del figlio giovane atleta e vi racconterà che anche il suo si impegna nello stesso sport e dei sacrifici che deve fare la famiglia per accompagnarlo a gare e allenamenti.

Un altro vi dice: «*vedo che lei è particolarmente competente e preparato* (simpatia)*; non potrei a questo prezzo* (debito) *ma ci terrei tanto che mi* *acquistasse il prodotto X, così poi mi fa sapere cosa ne pensa* (reciprocità)».

Una nota catena di negozi sportivi, dietro le casse posiziona le foto dei loro commessi impegnati nello stesso gesto atletico che richiede l'attrezzatura che vi propone nel suo reparto, ma ad un occhio esperto non sfugge che il ragazzo non ha poi tutta questa dimestichezza con il salto in lungo o gli equilibrismi ciclistici.

6 – euristica della scarsità

Può risultare sicuramente complicato comprendere appieno le basi biologiche di tale schema di risposta pensando che quando abbiamo fame non dobbiamo fare altro che fiondarci nel primo supermercato o in un fast-food. Qualche migliaio di anni fa evidentemente la ricerca di cibo era decisamente più complessa e l'esito non sempre favorevole.

Per questo motivo abbiamo evoluto meccanismi che ci portano a risparmiare risorse metaboliche e strategie che ci consentono di averne sempre a disposizione, anche in regime di scarsità. Abbiamo evoluto il senso della fame, che ci spinge alla ricerca di cibo, ma anche quello della sazietà, per consentirci un adattamento ottimale all'ambiente, caratteristiche comuni a quasi tutte le altre specie.

Temiamo la scarsità di cibo e quando possibile ne facciamo scorta. Il nostro sistema cognitivo si attiva per rendere più desiderabile un bene che temiamo possa rendersi indisponibile e per questo gli attribuiamo maggior valore e siamo disposti a pagarlo di più. Così, siamo disposti a pagare cifre ingiustificate per oggetti che non forniscono nessuna utilità pratica, solo perché non sono facilmente disponibili. Se l'oro fosse disponibile come i sassi, costerebbe come i sassi.

Se tentiamo una dieta rigidissima, nel momento in cui possiamo interromperla perché la bilancia finalmente si acquieta con noi, poi non solo l'organismo riconquista ciò che ha ceduto, ma – temendo altre carestie

– ne fa scorta e ci ritroviamo con un bel profilo pingue, una corona di grasso addominale che costituisce un magazzino biologico di sicurezza.

Perciò siamo attratti da tutto ciò che temiamo si possa rendere raro o indisponibile.

La vostra agenzia viaggi vi telefona per avvertirvi che si è liberato un posto sul charter, ma dovete decidere subito altrimenti il posto verrà ceduto.

I produttori pubblicizzano un giocattolo prima di Natale e poi lo ritirano dai negozi, rimettendolo dopo le feste. Se lo avete promesso a vostro figlio (coerenza-impegno) appena torna in negozio lo ricomprerete ad un prezzo più alto (scarsità).

Nel campo del marketing, le strategie più comuni sono le vendite a termine, slogan come "ultimi pezzi, ultimi giorni, l'offerta termina domenica...".

Concludendo questa sezione, più di tipo documentale che manualistico, non abbiamo ritenuto inserire una specifica esercitazione; vi proponiamo tuttavia di riflettere autonomamente su quanto illustrato ipotizzando come inserire i meccanismi di base della persuasione nel discorso e nella comunicazione per renderlo più efficace. Per questo scopo, ne sintetizziamo il contenuto nelle seguenti regole, che in veste differente abbiamo incontrato qua e là nel corso della trattazione:

1. Reciprocità: ogni atto comunicativo, per essere efficace, deve sollecitare la reciprocità dei comunicanti, ciascuno deve percepire il vantaggio della relazione (es: «*come pensi possiamo fare questa cosa?*», al posto di: «*fammi questa cosa come ti dico io*»).

2. Coerenza/impegno: la persuasione è l'antitesi della coercizione, anche se i risultati sono simili, ed implica che chi riceve la comunicazione percepisca che l'accettazione o meno siano una scelta nella sua disponibilità (es.: «*proponimi tu un'ora in cui vuoi che ci incontriamo, io sono disponibile dalle 3 alle 4*», invece di: «*passo alle 3 e mezza*»).

3. Consenso sociale: l'atto comunicativo deve essere condiviso, fare riferimento al contesto in cui origina e alle sue regole sociali e contemporaneamente può avvalersi di esse per aumentarne l'effetto persuasivo (es.: «*vieni anche tu con noi questa sera alla riunione?*», invece di «*vieni questa sera alla riunione?*»)

4. Autorità: anche se condiviso, il piano di potere deve essere accettato dagli attori, non autoreferenziato, perché funzionale alla relazione e l'equipollenza percepita dei vantaggi (es.: «*di solito chiedo che questa cosa venga fatta così, ma dimmi se hai idee diverse*», invece di «*faccio questo lavoro da 30 anni, credo di saperne più di te*»).

5. Simpatia: far percepire all'altro che faremmo ciò che farebbe lui e lui farebbe ciò che faremmo noi (es.: «*anch'io la penso come te, sono perfettamente d'accordo, che ne dici se facciamo così?*», invece di «*non so tu, ma a me sembra proprio che si faccia così*»).

6. Scarsità: fissare comunque dei punti fermi, per non far percepire la comunicazione come eccessivamente dispersiva (es.: «*capisco le tue difficoltà, ma devo chiederti di prendere una decisione, cortesemente indicami pure tu una data, poi sarò costretto a*

chiedere a qualcun altro», invece di *«per quanto tempo devo ancora aspettare che tu decida cosa vuoi fare?»*).

Integrazione delle tecniche

Per congedarci definitivamente da questa sezione, desideriamo rimarcare, nel caso non fosse già stato osservato, che le tecniche e gli strumenti, nella pratica comunicativa, non vengono quasi mai utilizzati singolarmente ma in forma combinata, proprio per sollecitare differenti risposte e ottenere l'obiettivo desiderato. Pensiamo che sia evidente che la comunicazione assertiva, per quanto possa e debba apparire spontanea, è in realtà il frutto di una pianificazione, che può essere sicuramente facilitata dalla pratica, ma che prevede la definizione di un obiettivo, la valutazione della situazione e l'azione successiva, eventualmente una nuova rivalutazione e la pianificazione di una nuova azione. Nell'ambito cognitivista il riferimento è il "modello T.O.T.E. (di Miller, Galanter e Pribram):

$$\text{Test} \rightarrow \text{Operate} \rightarrow \text{Test} \rightarrow \text{Exit}$$
(verificare, agire, verificare, uscita)

Il ciclo si ripete, fino a quando non si è raggiunto il risultato atteso, fino all'uscita definitiva.

La pianificazione prevede inevitabilmente la definizione di una strategia, che deve essere accurata in proporzione alla posta in gioco, al valore della relazione e ai rischi connessi all'eventualità di un conflitto.
Tale rischio è sempre presente nel contesto terapeutico ed il professionista deve sempre valutare con quale modalità aggredire le difese intrapsichiche del paziente che lo tengono vincolato al disagio che lamenta. Talvolta le cause sono evidenti, ma non sono immediatamente rimovibili, poiché il paziente potrebbe difendere alcune istanze o spaventarsi. Ad esempio, il paziente presenta difficoltà di adattamento che hanno origine nella

relazione con una madre poco affettiva o – al contrario – eccessivamente protettiva, modalità che si riflettono nella attuale relazione di coppia. Non è possibile imporre una visione di una madre poco capace, perché il paziente difenderebbe l'immagine del genitore e il senso della relazione con lei.

In questo caso ci soccorre la Teoria costruttivista, su cui si basa il modello terapeutico che descrive la psiche come articolata in "nuclei centrali" e "nuclei periferici". I primi sono maggiormente protetti e possono essere modificati solo dopo aver modificato quelli più esterni a cui sono collegati.

Al di fuori del setting terapeutico, volendo ottenere scopi similari possiamo pianificare di ottenere lentamente l'obiettivo, in modo che l'interlocutore accetti piccoli cambiamenti, meno spaventanti, rispetto alla prospettiva minacciante di dover modificare la sua intera visione.

Il nostro organismo, e il nostro sistema nervoso, non dispongono di riferimenti relativi e dobbiamo sempre necessariamente ancorare le nostre valutazioni a qualcos'altro. Non siamo in grado di dire con precisione quanto è alto il tavolo a cui siamo appoggiati (salvo che non disponiamo di uno strumento di misurazione), possiamo al massimo dire che è più alto della sedia e più basso del soffitto.

Non possiamo stimare la luminanza di un oggetto, tuttalpiù possiamo valutare che è più scuro di un altro e più chiaro di un altro ancora. Valutiamo dimensioni e assumiamo valori rispetto all'oggetto precedente, pertanto, ma non siamo in grado di accertare valori assoluti. Se non disponiamo di riferimenti, spesso rinunciamo o ci spaventiamo (troppo grande, troppo alto, troppo difficile...).

Pertanto può essere necessario dividere l'azione in più fasi, per avvicinarci gradualmente all'obiettivo ed ottenere l'effetto persuasivo, senza provocare una reazione di reattanza.

Talvolta questa modalità assume nomi eccessivamente suggestivi e poiché nessuno ci soddisfaceva ne abbiamo assegnato uno ancora peggiore: la "Tecnica della rana".

Deriva dal fatto che – almeno così ci risulta – essendo la carne della rana facilmente deperibile, chi la inserisce fra le sue pietanze la mette sulla padella quando il povero anfibio è ancora in ottima salute. Se il fondo fosse rovente, ovviamente se ne allontanerebbe con un balzo. Pertanto il cuoco crudele provvede ad alzare la fiamma, e la relativa temperatura, poco per volta, in modo che la bestiola non se ne avveda, e si faccia cucinare senza opporsi.

Giurando che non abbiamo mai minimamente pensato di sperimentare se ciò sia vero, la tecnica consiste pertanto nel raggiungere progressivamente obiettivi parziali fino ad ottenere, infine, l'obiettivo completo.

Ipotizziamo di voler chiedere aiuto ad un nostro amico, che dispone delle attrezzature e le competenze necessarie, persuadendolo a dedicare un bel po' del suo tempo per un compito gravoso, ad esempio riverniciare una parete della nostra casa. Se gli chiedessimo: «*Ernesto ho bisogno che tu venga sabato pomeriggio a casa mia a stendere due mani di traspirante!*», la nostra vittima darebbe sfogo alla fantasia per inventare una scusa e divincolarsi dalla fastidiosa prospettiva.

Potremmo, invece, agire così:

1. «*Ernesto, volevo dare due mani di traspirante in cucina, tu che sei esperto, cosa mi consigli?*».

2. «*Ernesto, quando hai voglia di un bicchiere di vino, passa di qua così dai un'occhiata alla parete e mi spieghi meglio come fare, che non vorrei fare disastri*».

3. «*Ernesto, non voglio un aiuto, preferisco fare da solo così imparo, ma se puoi sabato passi da me così mentre lavoro mi dici se faccio bene?*».

4. «*Ernesto, visto che sei qui, fammi vedere come fai su quel pezzettino lì di parete, poi continuo*».

5. «*Beh Ernesto, non pretendevo che facessi tutto tu; mentre finisci preparo un spuntino*».

Non sappiamo se le cose andrebbero proprio così, abbiamo forse ceduto allo stile ironico per descrivere la scena, ma sicuramente la possibilità che il povero Ernesto si ritrovi con in mano un pennello indossando una tuta da imbianchino, un po' come la povera rana cucinata "a fuoco lento", è decisamente superiore in questo caso, rispetto ad una richiesta diretta, pur se ben confezionata.

LE ARMI DI PERSUASIONE DI MASSA

Durante gli incontri formativi e divulgativi, spesso, se il tempo lo concede, i partecipanti, stimolatati dalla trattazione degli argomenti più accattivanti che abbiamo proposto e dalle dimostrazioni, che nelle pagine di un libro non possono essere purtroppo inserite, ci chiedono di approfondire determinati argomenti, che evidentemente li incuriosiscono.

Fra questi, la richiesta più frequente riguarda la possibilità di utilizzare il potere della persuasione per modificare su larga scala il pensiero e il comportamento di fasce ampie o di un'intera popolazione.

La richiesta parte più dalla suggestione di film e libri fantascientifici o da credenze che non hanno conferma scientifica. Ad esempio, negli anni '70 si pensava che fosse possibile inserire in una sequenza video dei cosiddetti "messaggi subminali", delle brevissime sequenze con immagini pubblicitarie, che i canali percettivi erano comunque in grado di cogliere, producendo effetti persuasivi senza che ne fossimo consapevoli. Si era anche sviluppato un dibattito intenso sull'argomento, prima che venisse dimostrato l'inattendibilità dell'ipotesi, grazie alle conoscenze acquisite dalle neuroscienze e a strumenti come PET e fMRI.

Le informazioni ambientali, prima di essere processate, subiscono una complessa manipolazione che transita attraverso percezioni di base, che dipendono dai meccanismi attentivi, da percezioni di secondo livello (le *appercezioni* nel linguaggio dei cognitivisti) che prevedono l'attribuzione di senso e significato allo stimolo.

In epoca più recente, alcuni politici che hanno ottenuto larghi successi elettorali, sono stati accusati di utilizzare metodi ipnotici per bypassare il livello di consapevolezza delle persone ed ottenere da loro compiacenza e adesione alle proprie tesi. Non ci risulta esistano metodi per imporre un'induzione ipnotica a migliaia se non milioni di persone contemporaneamente. L'ipnosi, utilizzata nell'ambito terapeutico, prevede la collaborazione del paziente e tecniche similari non possono essere estese a più persone contemporaneamente.

Dovremmo poi accordarci su cosa si intenda per "persuasione di massa". Se ci si riferisce ai condizionamenti sociali, risulta difficile pensare ad una compiacenza acritica che non preveda una minima valutazione, per quanto a sua volta condizionata. È vero che esistono tecniche di marketing che possono imporre rimedi a bisogni inesistenti (come li *alicamenti*, che promettono di curare non grazie ai farmaci, ma attraverso l'alimentazione, anche chi ammalato non è), ma è anche vero che non sono in grado di modificare che in minima parte i trend di vendita. Se l'argomento è sicuramente interessante per i bilanci aziendali, lo è un po' meno sul piano sociologico.

Esistono, è vero, situazioni che possono far pensare al contrario: nel 1988 la canzone "Cacao Meravigliao", cantata da una Paola Cortellesi in erba, e resa celebre dalla trasmissione Indietro Tutta, scatenò una sorta di isteria collettiva, con le massaie che si precipitarono nel negozio sotto casa per acquistare la polvere bruna, che però nessuno aveva mai prodotto. Ma per quanto fenomenale, questo evento è ben lontano dall'essere definito di massa, poiché la maggior parte delle casalinghe si rese conto – in realtà – dello scherzo involontario di Arbore e compagni.

Sicuramente inquietante ciò che ha dimostrato Stanley Milgram, con il noto "esperimento delle scosse" del 1976, sulla compiacenza all'autorità, che è stato spesso chiamato in causa per sostenere le tesi delle "teorie ipodermiche". In un laboratorio, effettivamente, un numero significativo di persone in determinate condizioni arriva a compiere atti socialmente disprezzabili per compiacere l'autorità che glieli impone. Ciò ha dimostrato l'esistenza di questo effetto, che svela un lato oscuro della natura umana e dei meccanismi sociali, ma in ambiente ecologico non è possibile che si verifichino le stesse condizioni del laboratorio. Ha anche dimostrato che comunque l'adesione richiede una valutazione consapevole, per quanto distorta (o forse estorta), per cui non si può parlare di "persuasione", tantomeno di massa: anche nel laboratorio sperimentale, per quanto la percentuale di adesioni soddisfi i criteri statistici per dimostrare l'esistenza dell'effetto, comunque la maggior parte dei soggetti sperimentali rifiuta il compito.

Per quanto suggestive, pertanto, queste tesi non sono realistiche, anche se ciò non chiude il dibattito, per tanto sul piano comunicativo, su aspetti etici che ispirano argomenti, questi sì, realistici, che riguardano lo scontro fra i "poteri" sociali (legislativo, politico, giudiziario, giornalistico).

Tuttavia, rimanendo fedeli alla nostra ispirazione manualistica, dobbiamo segnalare che in molteplici casi le tecniche di persuasione vengono utilizzate dagli oratori, nel loro campo di interesse, soprattutto politico, con modalità pressochè sovrapponibili al marketing commerciale, per elevare l'effetto della compiacenza e di adesione alle tesi. Se, nell'ambito commerciale, la posta in gioco è un comportamento d'acquisto, nell'arena politica consiste nello spostamento di voti da un candidato all'altro e da un partito all'altro.

Gli elevati costi delle campagne elettorali, non di meno di quelle commerciali, dimostrano tutto ciò. In questa fase storica siamo tornati spettatori, e in qualche caso attori, in scenari di guerra, circostanze che speravamo di aver archiviato. E ciò ci costringere alla triste riedizione della "propaganda di guerra", che si avvale di tecniche congegnate per primo da Sergei Stepanovich Chakhotin, ma anche dall'italiano Fattorello. I belligeranti, oltre a disputarsi il campo di guerra scambiandosi ordigni bellici, si contendono quello comunicativo, sganciando in continuazione comunicati propagandistici, che hanno come obiettivo spostare le opinioni di larghe fette di popolazione mondiale, investimenti bellici, prospettive economiche e disegnare nuovi assetti di geopolitica.

In qualche modo dimostrano l'enorme potere della persuasione, persino superiore a quello delle armi visto che queste – se devono essere sostenute dalla propaganda – non sono evidentemente in grado di ottenere gli stessi obiettivi. Non a caso la persuasione è spesso accostata al concetto di arma, poiché può essere persino diretta per fini aggressivi, e perché può risultare ugualmente letale delle pallottole. Non eccediamo nel riportare esempi che lo confermino, del resto visibilissimi attorno a noi.

Rimanendo nel campo della tecnica, questa è sicuramente patrimonio di oratori raffinati, che la inseriscono non soltanto nei discorsi, ma nell'intero atto comunicativo. Fra coloro che si sono avvalsi di tecniche efficaci, Barack Obama, 44° presidente degli Stati Uniti d'America dal 2009 al 2017 al quale, al di là del giudizio politico, va riconosciuta una notevole abilità che dimostrava in ogni atto comunicativo, abilità in parte sicuramente innata, ma in buona parte frutto di una rigosa pianificazione.

All'atto della prima elezione, nel sito personale del primo presidente afroamericano della giovane storia a stelle e strisce, alla voce "portavoce personale" compariva il nome di Robert Dilts, che insieme a John Grinder e Richard Bandler compose il gruppo di studio delle tecniche terapeutiche di Milton Erickson negli anni '70-80, che poi vennero utilizzate in vari campi e sistematizzarono in tecniche di comunicazione, a dire il vero un po' eccessivamente finalizzate ad essere commercializzate, e che in un recente passato sono divenute di gran moda.

Lo stesso Erickson, fra i più importanti psichiatri e psicoterapeuti dell'epoca moderna, non era consapevole delle basi neuro-biologiche del suo metodo terapeutico e in un libro dedicato alla Programmazione Neuro Linguistica ringraziò pubblicamente, nella prefazione, Dilts, Grinder e Bandler per avergliele fatto conoscere.

Dilts, che è stato fra l'altro consulente della comunicazione, in epoca recente, anche di un importante partito politico italiano in occasione di un cruciale passaggio elettorale (a dire il vero ciò non portò molta fortuna, poiché il partito in quell'occasione subì una severa sconfitta), fornì al presidente americano una serie di tecniche persuasive che, come anticipato, vanno ben al di là del confezionamento dei discorsi elettorali e di quelli che Obama si è trovato a pronunciare negli anni di presidenza.

L'obiettivo era quello di "vendere" il prodotto Obama, avvalendosi di tecniche non dissimili – per certi versi – da quelli di un qualsiasi prodotto di largo consumo. Il primo passaggio, come nella definizione di qualunque campagna di marketing, è quello di ideare un "immagine" del prodotto, che in questo caso è di tipo confidenziale, quasi casalingo. In altre parole, persuadere il pubblico che Obama è "uno di loro".

Ciò è coerente con la cultura multietnica e contemporaneamente fortemente nazionalistica del Nord America, dove le divisioni creano fenomeni di polarizzazione che solo due grandi partiti devono incarnare e interpretare. Se, ad esempio nel nostro paese, un politico, per attirare consenso, veicola convinzioni come: «*votatemi, perché sono il più bravo*», al di là dell'oceano è più efficace uno slogan come: «*votatemi, perché siamo i più bravi*». Questo passaggio si ritrova nella gestualità, nello sguardo, ma in ogni atteggiamento del comunicatore. Il dito che indica non sé stesso, ma il gruppo a cui si sta rivolgendo, in una posa tipica che è diventata un'icona, oltre che la sua immagine pubblica più ricorrente.

Le apparizioni ufficiali rispettavano in ogni occasione il rigoroso protocollo che prevedeva una dominante cromatica che riconduce ai colori della bandiera americana (il blu, il rosso e il bianco).

L'immagine in bianco e nero non consente di apprezzarlo, ma è sufficiente visionare le numerose immagini disponibili in Internet per verificarlo. I tre colori, inseriti assiduamente per sollecitare lo spirito patriottistico e la valutazione dei legami comunitari, non compaiono solo nelle occasioni ufficiali, ma anche quelle che possono apparire spontanee e occasionali, come i momenti di libertà che il presidente si concedeva.

In realtà, dietro un'apparente improvvisazione, vi è una deliberata programmazione: la foto scelta per essere condivisa con il pubblico prevede una posa plastica, quasi statica, in cui l'attore, impegnato in un gesto sportivo, comunque guarda in macchina e rende visibile il suo volto e la tipica espressione che trasmette sicurezza circondata da un sorriso accogliente.

La divisa del giocatore, che può sembrare messa insieme rovistando in un cassettone buttato lì in qualche ripostiglio, è in realtà composta con cura per rinnovare, ancora una volta, il senso nazionalistico: la maglietta bianca, i pantaloni blu a strisce rosse. Il protagonista sembra avvolto nella sua bandiera.

L'immagine del "prodotto Obama", come tutti i prodotti di marketing, prevede aspetti centrali ed altri periferici, su cui converge comunque l'attenzione del pubblico. L'intera famiglia del presidente è stata coinvolta in un gigantesco e perpetuo spot pubblicitario, in un film ben diretto che prevede attori protagonisti e non protagonisti, comparse e oggetti che costituiscono simboli con cui costruire un messaggio articolato.

La moglie Michelle Robinson, le figlie Malia e Natasha, il cane (prima Bo, poi Sunny, che ricevettero il soprannome pubblico di "first dog") entrarono a far parte di questa complessa scenografia e la moglie Michelle (che dirigeva un prospero studio legale) era costantemente ritratta in attività più ordinarie, inscenando ruoli tipici del cittadino medio, come fare l'orto nel giardino della casa bianca e portare Bo e Sonny in giro per i viali per espletare le sue necessità, in una mattina nebbiosa, così come qualunque americano che condivida la diffusa passione per la compagnia di un amico peloso.

Al di là delle singole situazioni, è evidente l'utilizzo estremamente sofisticato ed efficace degli strumenti persuasivi, gli stessi che abbiamo proposto fin qui, che si basano sugli stessi meccanismi biologici e neurali, oltre che psicologici e sociali, che abbiamo descritto. La persuasione si avvale di dinamiche articolate che non riguardano solo la parola e che non accede esclusivamente al canale uditivo, ma coinvolge l'intero sistema sensoriale e cognitivo dell'individuo ed è poi mediato e validato secondo le regole e le aspettative sociali.

ANTICIPAZIONE E GESTIONE DEL CONFLITTO

Il conflitto è una variabile costante della relazione. Creiamo costantemente regole con cui modificare gli spazi sociali per ottenere i maggiori vantaggi individuali. Poiché gli altri fanno altrettanto, inevitabilmente ogni atto comunicativo contiene un tentativo di persuadere l'altro a cedere parte di sé e di ottenere qualcosa per noi. Le regole sociali, quelle formali (leggi, regolamenti, dispositivi tecnici...), quelle spontanee (le prassi, le interpretazioni, i giudizi...) e quelle intrapsichiche (lo stigma, il senso di colpa, la vergogna...) rendono accettabile e fissano limiti alla competizione fra individui.

Le regole si estendono direttamente al piano comunicativo: ad esempio il codice deontologico vieta ad un professionista di denigrarne un altro per ottenere un vantaggio economico. Ma anche le regole più esplicite non possono contenere la variabilità sociale, anche restringendo i gradi di libertà; infatti, spesso il conflitto non può essere risolto attraverso la semplice applicazione di una regola, come una legge, e richiede l'interpretazione di un giudice.

Il conflitto, in tutte le sue forme (dalla discussione alla guerra) è pertanto una costante della nostra esistenza e non può essere considerato un evento accidentale. Secondo alcune interpretazioni, costituisce un vantaggio evolutivo legato allo sfruttamento delle risorse ambientali, che sollecita comportamenti esplorativi, di conquista, di dominanza. Se la natura ha previsto per noi questa componente, ai fini di adattamento, va comunque considerato che l'obiettivo non è quello della progressione del singolo individuo, ma dell'intera specie e dell'intero eco-sistema. Ciò prevede inevitabilmente il sacrificio di qualcuno. Quando viviamo periodi di pace e prosperità, ciò avviene perché dei conflitti, talvolta cruenti, e la perdita di molti di noi, ci ha consentito di ottenerli.

Le neuroscienze suggeriscono che fra le pieghe neurali esistano meccanismi che ad un determinato livello del conflitto "spengono" la capacità dell'individuo, anche condizionato socialmente, di razionalizzare le perdite di un'eventuale sconfitta, anche quando corrispondono al nostro stesso annientamento. Se le basi sinaptiche di tale comportamento non è facilmente individuabile, possiamo tuttavia avere riscontro di ciò sfogliando un qualunque giornale ogni mattina.

Le persone non sono tanto interessate a comunicare efficacemente, quanto a gestire le situazioni conflittuali. È generalmente questo il motivo implicito per cui frequentano un corso di comunicazione, acquistano un manuale o accedono allo studio di uno psicologo. L'argomento è tuttavia estremamente complesso e anche in questo caso abbiamo giocoforza scelto di condensarlo, anche per non disattendere l'obiettivo manualistico. Lo stesso editore ha comunque editato un manuale specifico che invitiamo a consultare nel caso si desideri approfondire ulteriormente la materia.

Partendo dal fatto che il conflitto è un compagno di viaggio (magari non gradito) della nostra esistenza, e che entra in una certa misura in ogni comportamento e ogni azione comunicativa, da ciò deriva che non è possibile attenuarne totalmente gli effetti, che sono comunque ammortizzati dai processi sociali. Comunicare efficacemente significa creare condizioni collaborative e anticipatrici e riparative dei conflitti. Tuttavia questa operazione non sempre riesce e la competizione sociale produce effetti vincolanti. Secondo i modelli di interpretazione prevalenti, è necessario agire quando il conflitto:

A. Se ne parla fra colleghi, amici, altri membri della famiglia...
B. Coinvolge relazioni extra-lavoro o si estende da quelle familiari a quelle lavorative
C. Alcune persone lamentano "sintomi" (ad esempio neurovegetativi)
D. Si manifestano problemi nei processi (di lavoro, familiari...)
E. Provoca problemi nella comunicazione e nelle relazioni interpersonali che bloccano le attività (fare o dire delle cose)

In altre parole, quando il conflitto esce dalla sfera personale e limita l'adattamento.

Oppure limita o impedisce alle persone di vivere un'esperienza serena, sperimentando sintomi riconducibili all'esposizione allo stress.

L'esito più distruttivo del conflitto agisce infatti prevalentemente e globalmente sulla sfera biologica, attraverso la mediazione del sistema nervoso, ed i "sintomi" più frequenti sono disturbi del sonno, cardiovascolari, dell'apparato digerente e riproduttivo, muscolo-scheletrici. L'esistenza impoverita provoca emergere di disturbi d'ansia e disturbi dell'umore, talvolta disturbi deliranti e accesso a comportamenti consolatori e compulsivi come abusi ed "equivalenti suicidari".

Nel campo organizzativo e professionale il quadro clinico si definisce con specifiche condizioni come la Sindrome di burnout. Il disagio si estende inevitabilmente a sfere più ampie rispetto a quella in cui si è originato il conflitto, risultando infine pervasivo per l'intera esistenza dell'individuo e della cerchia sociale in cui agisce.

Quasi sempre, le persone si rendono conto degli effetti distruttivi di un conflitto quando si sono manifestati. Le attivazioni nervose destrutturano il quadro cognitivo, rendendo difficile individuare una soluzione e una via di uscita. È preferibile pertanto agire nelle prime fasi, quando è ancora relativamente controllabile:

Essendo dinamiche di tipo relazionale, la risoluzione dei conflitti richiede l'impiego di strumenti comunicativi.

Questi sono diversi a seconda del tipo di conflitto e le sue caratteristiche:

Individuale
(riguarda la
singola
persona)

Strategia

Modifica della rappresentazione che la persona ha del proprio lavoro, del proprio ruolo, del rapporto fra le aspettative e ciò che ha effettivamente realizzato.

Attività

Riorganizzazione autonoma o consulenza individuale, supporto per fornire alla persona strategie di adattamento e di risoluzione di problemi pratici.

Intra-Individuale
(riguarda due
o più persone)

Strategia

Negoziazione di una comune visione dell'ambiente lavorativo e relazionale e creazione di criteri comuni (regole) di comunicazione, di ruolo e di valutazione.

Attività

Consulenza per aiutare le persone a trovare autonomamente soluzioni condivise e stabilire regole comuni (ad esempio: la comunicazione). Creazione di strumenti di supporto sociale.

Fra gruppi
(riguarda due
o più gruppi di
persone)

Strategia

Miglioramento della percezione dell'out-group, stabilendo una mission comune che comporta il superamento delle differenze e delle rispettive storie.

Attività

Team building per individuare e ricostruire le fasi imperfette della storia delle relazioni e creare nuove regole fra i sottogruppi. Supporto per la leadership.

Un esempio di conflitto individuale: una persona vorrebbe far presente al partner una determinata situazione proponendo un cambiamento, ma teme di ricevere un rifiuto e si attiva una risposta di paura come conseguenza ad una precedente esperienza di rifiuto, da cui consegue una bassa auto-stima sociale. Così rinuncia.

Un esempio di conflitto interpersonale: due manager lavorano insieme ma, rispetto ad un problema, partono da presupposti diversi, anche di natura valoriale, oppure vogliono perseguire obiettivi diversi, o vogliono seguire strade diverse per raggiungere uno stesso obiettivo.

Un esempio di conflitto fra gruppi: agli impiegati dell'ufficio marketing e ai commerciali è stato chiesto di valutare un piano di premi di risultato; ciascun gruppo però vorrebbe avere maggiori benefici per sé poiché giudica maggiormente determinante l'apporto del rispettivo team.

Ciascun tipo di conflitto richiede modalità di impiego di differenti strategie di tipo:
- *collaborativo* – di *negoziazione* (le parti lavorano insieme per raggiungere obiettivi interdipendenti);
- *mediazione* (intervento di una terza persona neutra che aiuti a superare gli errori comunicativi) e infine di
- *arbitrato* (intervento autoritario di un leader di autorità riconosciuta che impone una soluzione).

Alla base della strategia di anticipazione o gestione, pertanto, è necessario scomporre il conflitto nelle sue parti e agendo su di esse e tenendo conto di esse. Come abbiamo riferito, infatti, alla base di ogni forma di conflitto vi è un'azione che vincola ad un cambiamento e una che si oppone al cambiamento. Nel secondo caso vengono messe in campo difese intrapsichiche e sociali che devono essere aggirate:
- Competizione
- Egocentrismo
- Approccio "vita/morte"
- Polarizzazione
- Attacchi personali
- Comunicazione difensiva
- Sospensione dei problemi
- Resistenza al cambiamento (visione minacciante)

Se i conflitti, in buona parte, non possono essere evitati, si può tuttavia evitare che vengano mantenuti da credenze errate e stereotipate e da vincoli di natura difensiva. Fra questi, pricipalmente 3:

1. il conflitto si risolve da solo
2. il conflitto riguarda esclusivamente le persone direttamente coinvolte
3. i conflitti non si risolvono spontaneamente!

Le strategie e il Modello di Glasl

La gestione del conflitto è una strategia che prevede un'analisi del contesto e la valutazione di costi e benefici, che difficilmente sono maggiori nel caso il conflitto non venga affrontato. Più spesso, se viene congelato o rimandato, si manifesterà più avanti con effetti ancora più dirompenti.

La *strategia di evitamento* è funzionale solo nelle primissime fasi, quando i fatti comunicativi sono ancora focalizzati sull'obiettivo e se non affrontare il problema garantisce minori costi.

Se si manifestano i segnali del conflitto, prima che questo diventi vincolante (malumori, rigidità, divisioni...) è necessario ricorrere a strategie di *anticipazione*, per prevenire costi maggiori. In questa fase la comunicazione è focalizzata sull'obiettivo, ma irrompono componenti personali.

Se il conflitto è ormai vincolante e pervade le relazioni, le decisioni e le modalità operative la strategia disponibile è quella della risoluzione. In questa fase la comunicazione è focalizzata sulle persone e non più sull'oggetto della comunicazione.

La caratteristica dell'escalation è infatti la progressiva perdita dell'oggetto della relazione iniziale, su cui gli attori hanno iniziato lo scambio comunicativo, e la sua sostituzione su fattori personali (da: «*come facciamo questa cosa?*» a «*non capisci niente, non voglio più lavorare con te!*»).

Franz Glasl ha creato un modello di riferimento per monitorare i livelli del conflitto, che costituisce uno dei paradigmi di riferimento, e risulta estremamente utile per definire strategie efficaci. Il sociologo austriaco ha definito un modello a 3 livelli che si articola in 9 stadi sulla base dell'intensità e gli effetti del conflitto:

Stadio	Effetto	Trasformazione
Insieme verso il precipizio	*Annientamento dell'altro a costo di annientare se stessi*	
Frazionamento	*Distruzione dei fattori vitali del sistema, disintegrazione del dell'ambiente relazionale e fisico*	Terza trasformazione (annientamento)
Opere di distruzione mirate	*Disumanizzazione e malignità*	
Strategie intimidatorie	*Minacce e contro-minacce, stress, attività vincolanti*	
Perdita della propria immagine	*Attacchi pubblici e diretti, avvenimenti degni di nota con ripercussioni e isolamento*	Seconda trasformazione (irreversibilità
Immagini, coalizioni	*Cercare fama e sostenitori*	
Fatti	*Discrepanza tra comportamento verbale e comportamento non-verbale*	Prima trasformazione (reversibilità
Dibattito	*Polarizzazione, formazione di gruppi, violenza verbale*	
Irrigidimento	*Convinzione di poter risolvere il problema con il dialogo*	

Secondo la visione di Glasl, pertanto, tutti i conflitti sono destinati ad arrivare, prima o poi, al massimo stadio. Mano a mano che il conflitto sale di intensità viene progressivamente abbandonata la visione sull'oggetto e sostituita da quella sulle persone. Quando i contendenti "congelano" il conflitto, poi riparte dallo stadio in cui era stato interrotto, fino a proseguire verso la fase finale in cui gli attori sono disposti ad annientare loro stessi pur di annientare l'altro, non riuscendo più a valutare razionalmente i costi del conflitto, che possono essere estremi e ben superiori rispetto agli eventuali benefici.

Il porto vuole sposare la porta,
la viola studia il violino,
il mulo dice «mio figlio è un mulino»,
la mela dice «mio figlio è un melone»,
il matto vuole essere un mattone,
e il più matto della terra, sapete che vuole?
Vuole fare la guerra!

Gianni Rodari

Prima di passare ad un'esercitazione pratica, per alleggerire un argomento per sua natura, abbiamo voluto inserire questa poesia di Gianni Rodari, che con la sua apparentemente ingenua e bambinesca riflessione associa la guerra alla pazzia.

Non sbaglia, evidentemente, perché come abbiamo riferito il livello estremo del conflitto prevede dei passaggi che mettono l'individuo in una condizione tutto sommato riconducibile ad uno stato di follia.

☑ Esercitazione 7 – Risolvere un conflitto

Vi invitiamo ad analizzare questo caso di conflitto reale, che abbiamo seguito per una nostra utente, riflettendo sulle cause sottese che lo hanno determinato e le possibili soluzioni pianificando una strategia che si avvalga delle tecniche comunicative che abbiamo fin qui illustrato.
In conclusione, proporremo la strategia che abbiamo effettivamente adottato per risolvere il conflitto. Vi invitiamo, prima di consultare la soluzione, a provare ad ipotizzare una soluzione.

La nostra amica Claudia ha un grave conflitto in ambiente di lavoro: il suo capo, Federica, molto meno preparata di lei, le blocca qualsiasi attività e non perde occasione per umiliarla e toglierle spazio.
Claudia reagisce urlando e sbraitando e questo dà ulteriore occasione al suo superiore per dimostrarle che è inadeguata.
Claudia ha ricavato demotivazione, bassa autostima e sono emersi tutti i sintomi dello stress. A inizio autunno, nonostante il suo impegno professionale sia ormai al limite contrattuale, ha presentato l'ennesimo progetto e attende di discuterlo.
Quando legge un SMS con cui Federica la convoca in direzione ha un attacco di panico.
Claudia si aspetta che si ripeta la solita scena: la sua responsabile le dirà che il progetto non va bene (anche se sa che non è così), lei reagirà male, urleranno davanti a tutti e questo darà l'occasione a Federica di toglierle ulteriore spazio.
Federica: «*Questo progetto non va bene, devi rifarlo!*»
Claudia: «*Non è vero che non va bene, non sai neanche di cosa stiamo parlando!*»
Federica: «*Presentalo al direttore, se ne hai il coraggio!*»
Claudia: «*Tanto lo so bene che sei d'accordo con lui, adesso basta, vado a presentarlo da un'altra parte e mi porto via i miei collaboratori!*»

Federica: «*Stai tranquilla, non lavorerai più da nessun'altra parte*».

In realtà il direttore è infastidito da questa situazione, che è nota a tutta l'azienda, sta dividendo il gruppo e facendo riemergere vecchie tensioni.

Anche i clienti si sono accorti che qualcosa non va...

Incontra singolarmente Claudia e Federica e impone loro di trovare una soluzione alla loro disputa personale. In particolare se la prende con Federica, sua diretta collaboratrice, preoccupato dell'immagine esterna, ma non affronta il problema.

Trovare il "bandolo della matassa"

Questa metafora è spesso utilizzata nel campo terapeutico, quando la situazione si presenta particolarmente intricata, fra sintomi dichiarati e sintomi caratterizzanti, per stabilire concatenazioni reali di causa-effetto.

Analizzando la situazione, possiamo individuare i significati e gli obiettivi impliciti della comunicazione, nei differenti livelli.

Liv. 1	Comportamenti: **discutere il progetto**
Liv. 2	Atteggiamenti: **umiliare Claudia**
Liv. 3	Bisogni: **affermare il potere** (su Claudia)
Liv. 4	Paure (attivazione): **mettere in crisi la percezione di sé**

Per compiere la nostra analisi, possiamo ricorrere (se lo desideriamo) al modello delle 5W che abbiamo già presentato, che può aiutarci ad individuare le domande a cui dare una risposta. Oppure possiamo procedere in modo più libero:
- Quali sono i costi del conflitto?
- Quali modalità di risoluzione può adottare Claudia?
- Quali vantaggi può ottenere Claudia ?
- Quali vantaggi può ottenere Federica?

Ciò ci presenta un quadro in cui le due protagoniste della vicenda sono vincolate a difese di natura psichica, legate probabilmente ad esperienze di insuccessi relazionali, e ciascuno cerca di agire sull'altro non conoscendo e – di conseguenza – non potendo affrontare le proprie paure.

La paura genera aggressività e il conflitto non può essere risolto poiché l'obiettivo della comunicazione è diverso da quello della relazione. Le paure di una mantengono quelle dell'altra.

È stato sufficiente rendere Claudia consapevole di tali dinamiche e chiederle: «*come ti comporti con i tuoi figli quando sono impauriti?*» La risposta attesa è stata: «*li rassicuro*».

Claudia non ha affrontato Federica, ma l'ha rassicurata sul fatto che non intendeva mettere in discussione il suo ruolo e le sue competenze, esternando i suoi sentimenti e proponendo un'alternativa che considerasse il punto di vista della collega. Infine ha chiesto a Federica di aiutarla per realizzare un progetto migliore. Non c'è stato bisogno di predisporre un discorso o ipotizzare cosa dire e cosa non dire, anche sulla base delle reazioni di Federica. Non sappiamo, di fatto, cosa si sono dette. Tuttavia il cambiamento di atteggiamento di Claudia ha determinato il cambiamento di Federica. La quale, non solo ha approvato il progetto, ma lo ha esportato anche ad altri ambiti.

Sono passati molti anni da questa vicenda. Federica e Claudia sono ancora nella stessa azienda e collaborano senza che si siano creati ulteriori motivi di scontro. Claudia non ha più manifestato disturbi d'ansia.

Strumenti terapeutici per la gestione del conflitto

Come più volte ribadito, e come ciascuno può riscontrare perlustrandola propria memoria episodica, una relazione contrastata può generare estrema sofferenza e questa può estendersi ad aree di vita decisamente più ampie, rispetto a quella in cui si è originato il conflitto, ed a persone differenti dai protagonisti principali. Talvolta, anche le generazioni successive sono condizionati da relazioni contrastate e la storia di molte famiglie è disegnata dalla storia relazionale dei loro membri.

Quando gli esiti della relazione sono fallimentari, le relazioni sono inefficaci o interrotte, ciò può generare estrema sofferenza che si installa su diverse componenti organiche, creando condizioni di pre-morbosità o di malattia o generando le predisposizioni per la malattia, che poi si slatentizza a seguito di modificazioni ambientali.

Le difficoltà relazionali vengono spesso sottaciute, confinate, non riconosciute e di conseguenza hanno il tempo e lo spazio per generare i loro effetti. Altre condizioni come sentimenti negativi, di rivalsa, stigma e vergogna, tengono bloccate a lungo le difficoltà relazionali e si cronicizzano nell'esistenza, che non riesce più a trovare riparazione se non nello studio di un medico o uno psicoterapeuta.

Abbiamo ribadito che, associando questa situazione alla metafora presa in prestito dalla medicina, come ogni malattia una condizione di costrittività e insoddisfazione relazionale comporta comunque conseguenze, seppur limitate. È in ogni caso preferibile evitare tali conseguenze, piuttosto che subirle. Tuttavia, può accadere che gli attori non riescano ad individuare una soluzione alle loro divergenze o modalità comunicative disfunzionali non possano essere corrette. Anche quando se ne manifestano gli effetti, il conflitto genera attivazioni emotive che rendono difficile individuare una soluzione efficace e ciò genera un circolo vizioso che alimenta ulteriormente le difficoltà.

Per questo motivo è utile utilizzare modalità, tecniche e strumenti che consentano di ritrovare una relativa serenità e poter osservare e agire nella situazione senza eccessive attivazioni emozionali distorcenti, senza necessariamente ricorrere ai consigli onerosi di uno specialista.

Accedendo comunque ai modelli terapeutici, questa piccola check-list, semplificata rispetto agli strumenti di anamnesi clinica che generalmente vengono utilizzati in uno studio di un professionista di salute mentale, vi può aiutare a comprendere se, in relazione ad un determinata situazione che state vivendo, sia il caso di produrre azioni di anticipazione o di cura.

Ciò è preferibile se nella vostra lista sono opzionate almeno 5 dei 10 item presentati successivamente.

Da quando si è creata una condizione conflittuale o ho difficoltà relazionali con una o più persone:

- ☐ ho difficoltà di sonno (nell'addormentamento, frequenti risvegli, risveglio precoce...)
- ☐ sono spesso agitato/a o ansioso/a anche senza motivo, ma in particolare quando penso alla situazione o a quelle persone
- ☐ penso in continuazione a quella situazione, provando rabbia, odio o sentimenti di tristezza
- ☐ faccio fatica a incontrare quelle persone o entrare nell'ambiente dove le incontro
- ☐ non sto bene di salute: capogiri, mal di testa, disturbi allo stomaco, tachicardia... oppure ho spesso malattie come influenza, raffreddamenti, rush cutanei
- ☐ durante la giornata o la notte mi arrivano dei flash con immagini relative alla situazione
- ☐ mi trovo spesso a parlarne con estranei
- ☐ mi addosso colpe di quanto sta succedendo e penso che forse sono io che sono inadeguato/a
- ☐ litigo spesso anche con persone estranee alla situazione conflittuale
- ☐ sto pensando di lasciare quell'ambiente (es.: il posto di lavoro)

Nel caso, oltre alle situazioni proposte, emergano condizioni direttamente riconducibili ad un disturbo psichico (disturbi d'ansia, dell'umore, Disturbo Post-Traumatico da Stress, Disturbo da Attacchi di Panico) o disturbi comportamentali, l'azione necessaria è la richiesta tempestiva di un consulto per evitare che i sintomi diventino eccessivamente pervasivi e si cronicizzino. Nel caso i disturbi siano ancora gestibili è possibile ricorrere a strumenti di auto-aiuto, fra quelli disponibili.

Di seguito proponiamo alcune tecniche mediate dal potente modello terapeutico dell'E.M.D.R. (*Eye Movement Desensitization and Reprocessing*), più frequentemente utilizzato per la cura delle conseguenze di eventi traumatici, semplificate per essere utilizzabili anche senza supporto specialistico. Tali strumenti sono stati messi a punto dall'autrice del modello terapeutico, Francine Shapiro, ultimo prezioso contributo prima della sua recente scomparsa, e noi stessi li proponiamo in numerosi contesti organizzativi, in particolare quelli sanitari, per fornire strumenti di benessere ai professional helper.

Per chi desiderasse approfondire ulteriormente l'argomento, segnaliamo che nel sito dell'editore, nella collana Manuale Professioni Sanitarie, è presente uno specifico manuale, dedicato ai caregiver professionali ma che contiene, oltre a quelli qui proposti, strumenti utili anche al di fuori di questo comparto.

1 – Il posto al sicuro

Questa tecnica ha lo scopo di fornire, attraverso la modalità immaginativa supportata dall'E.M.D.R., un luogo di protezione dove rifugiarsi ogni volta se ne sente la necessità. L'apprendimento della tecnica consente di sperimentare le sensazioni positive che si attivano quando si vive l'esperienza piacevole di abitare – anche transitoriamente – un luogo rilassante, legato alla propria storia e le proprie preferenze personali. Una volta collegata l'esperienza ad un ancoraggi di attivazione, è possibile evocare il ricordo positivo e tutte le sensazioni ad esso associate.

Questa tecnica può essere utilizzata singolarmente ogni qualvolta si avverte la necessità di rifugiarsi in un luogo sicuro ma è propedeutica anche alle altre.

Nel modello terapeutico E.M.D.R. il posto al sicuro è il primo passaggio del processo curativo e solitamente viene somministrato prima di tutti gli altri protocolli.

- Rilassatevi, preferibilmente con gli occhi chiusi
- Individuate un luogo, fisico o immaginario, non necessariamente e realmente conosciuto, che evoca sentimenti positivi.

Può essere un bosco o la cima di una montagna, un luogo di mare o un angolo della propria abitazione, un luogo in cui desideriamo recarci. In altre parole il classico luogo dove vorremmo andare quando lo stress ci vorrebbe far fuggire dalla situazione che stiamo vivendo.

Generalmente il cervello suggerisce immediatamente la risposta alla ricerca, ma è importante non utilizzare luoghi che in qualche modo possono evocare ricordi negativi. Se ciò accade, passare è importante abbandonare immediatamente l'elaborazione ad un'altra.

Un utile suggerimento, se avete difficoltà a individuare il luogo, è porsi la domanda: *«dove mi piacerebbe essere adesso?»*. Molto probabilmente il sistema nervoso provvederà a fornirvi una risposta sottoforma di immagine.

- Se il luogo è legato ad una situazione, richiamarla e immergersi come la si stesse rivivendo.

  Concentrarsi sulle sensazioni corporee e valutare le modificazioni positive. Esplorate la scena rivivendo suoni, colori, profumi, sensazioni.

- Quando sentite di vivere intensamente le emozioni che l'immagine evoca, cercate una parola che le rappresenti. Anche in questo caso il cervello vi suggerirà probabilmente la parola ideale.

- Continuate con la visualizzazione fissandovi contemporaneamente sulla parola che la evoca, ripetendola mentalmente.

- Quando lo desiderate, riaprite gli occhi ed espirate lentamente 2-3 volte.

- Dopo circa 30-45" richiudete gli occhi e pensate alla parola chiave, che richiamerà l'immagine e le emozioni positive associate.
- Rimanete così per il tempo che desiderate, ma non più di 1-2'.
- Ripetete l'esercizio per 5-6 volte, lasciando circa 1' fra una esecuzione e l'altra.

Ora la parola chiave evoca il ricordo e questo – a sua volta – tutte le sensazioni piacevoli a cui è associato, legato all'esperienza realmente vissuta oppure all'idea che si ha di quel luogo.

Richiamando la parola chiave, pertanto, è come se ci recassimo immediatamente nel nostro luogo sicuro e ci sentiremo protetti e lontani dalla situazioni spiacevole o dai sentimenti negativi che stiamo vivendo. Anche la ricerca della parola chiave può essere affidata ai suggerimenti del sistema nervoso che tende a produrre sistematicamente immagini attivate da stimoli ambientali, percezioni fisiche ed elaborazioni cognitive. Talvolta possiamo avere l'impressione di faticare a produrre immagini ma in realtà è impossibile inibirle (visualizziamo un oggetto – per quanto inesistente – leggendo queste due parole: *elefante rosa*; facciamo altrettanto se vi chiedessimo di: *non pensate a un elefante rosa*).

Vi consigliamo di utilizzare il posto al sicuro come tecnica propedeutica alle altre.

Nel processo terapeutico, il posto al sicuro viene attivato prima di somministrare altri protocolli e generalmente anche per chiudere la seduta.

Pertanto, la sequenza ottimale di auto-somministrazione è la seguente:

1 – Posto al sicuro

2 – Tecniche di auto aiuto

3 – Posto al sicuro

2 – Il personaggio dei cartoni animati

Questa tecnica si rivela utile nel caso si viva una situazione disturbante legata ad un conflitto con un'altra persona presente nell'ambiente di vita o del lavoro. Se non si riesce a gestire il conflitto, talvolta l'esperienza può diventare estremamente stressante e il solo pensiero di dover incontrare l'interlocutore può scatenare reazioni ansiose o sintomatologie neurovegetative, poiché le minacce sociali sono legate a paure archetipiche non meno delle antiche predazioni.

Tuttavia, da un predatore si può sfuggire o lo si può trasformare a sua volta in una preda, padroneggiando armi e l'abilità di utilizzarle, da un collega di lavoro più frequentemente no, e l'esperienza professionale si rivela un incubo.

La tecnica proposta consente di dissociare il ricordo o l'anticipazione legata all'esperienza dalle emozioni che scatenano, consentendo così una più serena esperienza, l'attenuazione dei sintomi reattivi e di potersi concentrare all'individuazione di una possibile soluzione del problema.

- Rilassatevi, preferibilmente con gli occhi chiusi
- Se ritenete (o almeno le prime volte) eseguite prima la tecnica del "*posto al sicuro*" per preparavi al meglio all'esecuzione
- Focalizzate la persona che emette il messaggio disturbante.
- Immaginate che la sua voce si trasformi in quella del vostro personaggio dei cartoon preferito.
- Guardatelo che si rivolge a voi con la voce di Paperino o Bugs Banny, o il personaggio che vi è più simpatico e vi fa ridere quando parla, ripetendo l'esercizio più volte fino a quando le parole non cesseranno di essere disturbanti o, possibilmente, riusciranno a strapparvi un sorriso.

3 – Il film in bianco e nero

Questa tecnica si rivela a sua volta utile nel caso si viva una situazione disturbante legata ad un episodio, un evento o un'esperienza negativa. Il nostro sistema nervoso archivia gli eventi come delle immagini o come sequenze simili ad un film e la loro evocazione provoca l'emergere delle emozioni attivate nel momento in cui le esperienze sono vissute.

Di conseguenza, il ricordo può essere altrettanto disturbante che vivere realmente la situazione.

Purtroppo, se temiamo l'evento si possa riprodurre o nell'ambiente si attivano dei trigger associati alle emozioni, si generano forme di ansia anticipatoria, la cosiddetta "paura della paura": se – ad esempio – l'esperienza è stata vissuta all'interno del luogo di lavoro, il solo pensiero di recarsi a lavorare o varcare le soglie del luogo, può scatenare la tempesta emotiva disturbante.

Anche in questo caso, la tecnica proposta consente di dissociare il ricordo o l'anticipazione legata all'esperienza dalle emozioni che scatenano, consentendo l'attenuazione dei sintomi legati alla risposta alla minaccia percepita.

Il tono dell'umore modifica la percezione dei colori che sono in qualche modo legati all'attivazione emozionale e alla vividezza del ricordo. Più il ricordo è presente e pervasivo, più ci appare definito nelle immagini e nei colori.

Privare l'immagine disturbante dei suoi colori ci consente pertanto di modificare la sua vividezza e la sua pervasività, rendendo meno efficace il legame con l'attivazione emotiva.

- Focalizzate un evento disturbante e immaginatelo come lo stiate vivendo in questo istante.
- Ora individuate la scena più disturbante.
- Trasformate la scena in bianco e nero e focalizzatela priva di colori
- Se la scena è complessa, frazionatela in scene differenti e private dei colori ciascuna di esse, in sequenza temporale (dalla più antica alla più recente)
- Ripetete l'esercizio più volte per tutte le scene che giudicate disturbanti.

La tecnica dell'E.M.D.R. è basata sulla stimolazione bilaterale dell'apparato visivo per indurre il paziente al movimento oculare che riproduce artificiosamente il movimento dei bulbi della fase R.E.M. e attivare i processi che la caratterizzano. Durante la seduta il terapeuta effettua sequenze ritmate con una durata e una frequenza stabilita dal protocollo scelto muovendo le dita e chiedendo al paziente di seguirle con lo sguardo. Le verbalizzazioni successive del paziente orientano il professionista nel processo terapeutico.

In modalità di auto-somministrazione la stimolazione può essere replicata autonomamente fornendo al sistema nervoso input che vanno a sollecitare alternativamente parti ipsilaterali (opposte l'una all'altra) del sistema nervoso che afferiscono ai due lobi cerebrali.

In auto-somministrazione, l'impulso può essere fornito con due modalità. Consigliamo di sperimentarle entrambe e poi sceglierne una sulla base anche della modalità e del luogo fisico in cui si effettua la stimolazione, oltre che la preferenza personale.

In entrambi i casi la frequenza delle stimolazioni deve essere all'incirca di 2 al secondo e le serie di 5-10 stimolazioni. Le serie vanno ripetute fino a quando non si verifica l'effetto positivo della stimolazione.

La forza esercitata non deve essere eccessiva, deve assomigliare ad un tocco leggero, come se un amico ci battesse una mano sulla spalla per attirare la nostra attenzione.

1) Il *tapping*: questa stimolazione si effettua preferibilmente in posizione seduta, su una sedia comoda e dopo aver individuato una posizione confortevole e rilassata.

   Il palmo delle mani è appoggiato fra il ginocchio e la zona mediale della coscia e la stimolazione va effettuata con le dita, tamburellando sulla gamba.

Questa modalità viene eseguita anche durante una normale seduta terapeutica, indotta o guidata dal professionista, per i pazienti a cui, per vari motivi, non può essere proposto il movimento oculare.

2) L'"*abbraccio della farfalla*": questa stimolazione si effettua indifferentemente in piedi o seduti, in ogni caso dopo aver individuato una posizione confortevole e rilassata.
Le braccia si incrociano sul petto e le dita battono sulla parte superiore dei muscoli pettorali, appena al di sotto della spalla.

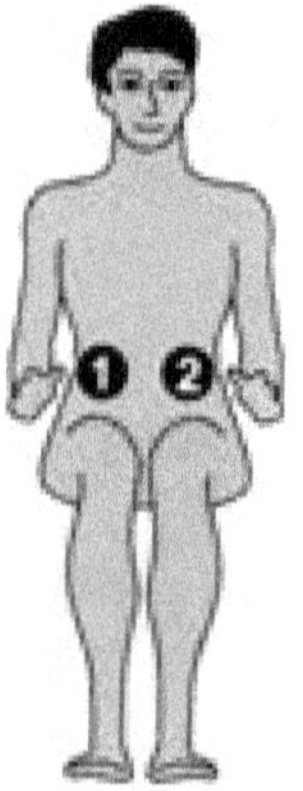

Ogni tecnica viene supportata da una stimolazione, con una delle due modalità illustrate.

CONCLUSIONI

I suggerimenti che vi abbiamo fornito – anche in questo caso – non sono regole da utilizzare indistintamente e acriticamente in ogni condizione, ma spunti su cui riflettere per acquisire e consolidare le abilità sufficienti per creare regole più coerenti con le situazioni che vi troverete ad affrontare.

Ci scusiamo se le situazioni proposte non possono essere che presentate in modo alquanto semplificato. Soprattutto, vi invitiamo a considerare che queste non si presentano mai come delle scatole chiuse e impermeabili fra loro; ad esempio, anche a chi generalmente non ne è interessato, una gratificazione fa sempre piacere e chiunque predilige una relazione sincera anche se non la rincorre sistematicamente.

L'abilità e l'esperienza dell'abile comunicatore – e del persuasore competente – consentono di creare strategie più efficaci in riferimento alle persone e le situazioni che si presentano.

In conclusione, ci auguriamo che, anche facendo proprio questo ultimo suggerimento, questo manuale possa essere utile per individuare, produrre e utilizzare gli strumenti comunicativi più efficaci per ottenere le migliori condizioni possibili nell'ambito relazionale, professionale e di salute per i nostri lettori.

SPUNTI E CONSIGLI BIBLIOGRAFICI

Segnaliamo alcuni testi (nella eventuale traduzione italiana e nell'edizione più recente, se disponibili) che possono essere utili per approfondire gli argomenti proposti. Invitiamo inoltre i lettori a consultare il sito Web dell'editore www.artistudioeditore.it

Luigi Anolli *Fondamenti di psicologia della comunicazione* Il Mulino, 201

Luigi Anolli *Mentire* Il Mulino, 2003

Eric Berne *A che gioco giochiamo* Bompiani, 2018

Angela Biscaldi, Vincenzo Matera *Antropologia della comunicazione. Interazioni, linguaggi, narrazioni* Carocci Editore, 201

Giovanni Boccia Artieri, Fausto Colombo, Guido Gili *Comunicare. Persone, relazioni, media* Laterza Editore, 2022

Robert B. Cialdini *Le armi della persuasione: Come e perché si finisce col dire di sì* Giunti Editore, 2022

Robert B. Cialdini *Teoria e pratica della persuasione. Capire la persuasione per esercitarla positivamente e difendersi dai manipolatori* Unicomunicazione, 2009

Noam Chomsky, Edward S. Herman *La fabbrica del consenso. La politica e i mass media* Il Saggiatore, 2023

Richard J. Davidson *La vita emotiva del cervello. Come imparare a conoscerla e a cambiarla attraverso la consapevolezza* Ponte delle Grazie Editore, 2022

Alessandro Duranti *Antropologia del linguaggio* Meltemi Editore, 2021

Abraham H. Maslow *Motivazione e personalità* Armando Editore, 2010

Paul Watzlawick, J. H. Beavin, e al. *Pragmatica della comunicazione umana. Studio dei modelli interattivi, delle patologie e dei paradossi* Astrolabio Ubaldini, 1976

Paul Watzlawick *Il linguaggio del cambiamento* Feltrinelli Editore, 1999

INDICE

Ringraziamenti

Ringrazio le mie colleghe per il paziente lavoro di revisione dei testi e tutti coloro che hanno contribuito alla realizzazione di questo manuale con i preziosi consigli che mi hanno fornito.

Realizzato da

*Via Stazione, 1
S. Martino al T. (PN)
www.artistudioeditore.it*

Gennaio 2020

Disegni e illustrazioni sono dell'autore